黄韬 著

中央与地方事权分配机制

分配机制

历史、现状及法治化路径

格致出版社  上海人民出版社

内容摘要

1994 年的分税制改革解决了此前我国中央政府财力孱弱的问题，但此项改革只划分了中央与地方之间的税收利益分配，却没有厘清政府间的事权分配关系。进而，此后的 20 年间，我国财政体制中事权分配关系法治化程度始终不高。而正是由于这一原因，导致了在实践中，我国政府间的事权分配关系时常表现出支出责任被任意地逐级下放、上下级政府"职责同构"以及周期性的"收权、放权"循环等特征。由此就产生了财政负担被层层下移，地方政府的"全能"与"无能"同时存在的现象，而"一收就死，一放就乱"的治乱周期也得到进一步强化。

政府间事权分配的随意性导致各级地方政府出现了严重的财力与事权不匹配的情况，进而成为地方债务膨胀的一个重要原因，但这种格局并非一种人为刻意设计的结果，而是由一系列政治、经济、社会和历史的原因所共同造就的制度"均衡"状态。因此，若要解决这一失衡问题，期待将中央与地方之间的事权分配关系纳入法治轨道，就必须先清楚地了解现实制度背后的各种促成性因素，否则就很容易陷入"纸上建构"法律条文的窘境。具体来说，当下我国央地事权分配关系的成因可以从三个维度来解释，分别是：基于历史因素的计划经济体制影响、基于经济因素的宏观调控手段以及基于政治因素的官员行为激励。

政府间事权分配关系的法治化需要同时在多个维度上推动制度建设。首先，在最基础也是最技术的层面上，我们有必要在未来的法律规则中对政府所提供的公共产品进行性质上的分类，清楚地界分"地方性公共产品"、"全国性公共产品"和"混合性公共产品"，进而来明确"地方事权"、"中央事权"和"混合事权"。其次，有必要在法律上确立"地方自治"的原则和观念，淡化高度行政化的央地关系架构中所特别强调的"上位法"和"下位法"概念。最后，则应当通过完善财政转移支付法律制度，以保障地方财力与支出责任相匹配，如此才能确保法律化、制度化的事权分配机制得以平稳运行。

提升我国中央与地方事权分配关系的法治化程度渐趋成为一种政策共识并被写入了中共文件。然而，我们同时也应当意识到，在这个过程中，既有的能够防止地方政府过度举债融资的、自上而下的政治控制机制将不可避免地被削弱。由此，在推动我国央地事权分配关系法治化进程的同时，我们有必要去找寻一项替代性的机制，以控制地方政府的"预算软约束"。结合当下中国的实际情况，金融市场投资者的行为选择可望起到有效控制地方债务规模的作用。而要让这一机制的作用得以发挥，一个必要前提就是落实修订之后的《中华人民共和国预算法》，赋予地方政府独立发债的权限，并明确其独立的法律责任，通过金融市场机制来让地方政府实现权力行使和责任承担的双重自治。

总　序

2009 年末，上海金融与法律研究院开始筹备下一年的研究课题立项。我提出将城市化进程的金融安排，尤其是地方政府债务融资能力作为一项长期研究课题。研究院同意这一选题并提出由我来主持这项研究。

我几乎是毫不犹豫地答应了，不仅是因为我担任了上海金融与法律研究院的学术委员，出谋划策、评审把关是职责所在，更主要的是出于多年的理论研究和实际操作经验，我比较担心地方政府融资平台存在的较大的风险。我希望通过课题组这种研究形式，对地方政府的融资行为，地方融资平台的发展以及蕴含的风险进行一以贯之的追踪、评估、分析，并在此基础上寻找可供选择的防范风险乃至化解危机的解决方案。

从学理上讲，这将深化对中国经济运行机制的观察，为学术界提供高品质的学术资源，为制度经济学增加新鲜案例；从中国的现实讲，推进城市化是中国经济可持续发展的希望所在。但是否以地方政府负债投资的形式为最佳方法呢？能否持续？从更深层次观察，地方政府负债是财政问题，这势必涉及财税体制安排，以及中央与地方事权分割等基础性的政治与经济制度安排。显然，这是中国走向现代化，建立现代化国家治理结构中不可回避的重大课题。通过研究梳理，如若能为此做出绵薄贡献，不仅仅是学究式的学术偏好，更是我们这一代中国知识分子的历史使命。

一

自改革开放尤其是进入 21 世纪以来，中国出现了快速城市化。横向比较"金砖国家"（巴西、俄罗斯、印度、中国，简称"BRIC"），中国的城市化道路独树一帜，尤其明显区别于巴西、印度等发展中人口大国的城市化路径。更令世界瞩目的是，这一中国特色的城市化道路出色的表现堪称史无前例。以高速公路为例，中国的高速公路在 1989 年仅通车 271 公里，到 1998 年当年就新增 1741 公里，通车总里程达 8733 公里，居世界第六；2001 年底，通车总里程达到 1.9 万公里，跃居世界第二；十年后的 2011 年底，通车总里程达 8.5 万公里，跃居世界第一；2012 年底，通车总里程达 9.56 万公里，超过 10 万公里已经没有任何悬念。

同样的现象，也发生在铁路、城市道路与桥梁、机场、水电煤、电信、仓储等基础设施上，更体现在设计前卫、体量庞大的城市建筑中，如超高大楼、星级酒店、城市综合体、新建住宅等，与此同时，航线、汽车、家电等涉及居民衣食住行的设施与服务增速也十分迅猛。这些基础设施与商业、生活配套设施，支持了中国经济快速工业化。

进入 21 世纪，中国成为"世界工厂"已是不争的事实。"中国制造"遍布世界各个角落。中国不仅成为世界第一大贸易体，而且其进出口总额一度达到 GDP 的 70％ 以上。这是大国以及世界经济史上前所未有的情况。

城市化和工业化的交相辉映，成功地创造了就业机会。数亿农村人口移民到城市就业、定居，使得用城市常住人口衡量的中国城市化率快速提高，到 2012 年已达 52.6％。快速的城市化不仅使城市的面貌日新月异，而且也深刻改变着中国的社会结构，并由此影响着人们的价值观和消费偏好。中国庞大的人口规模，在城市化的进程中逐渐显现出其消费的巨大威力，似乎 150 多年前，英国商人所期望的"只要中国人每年用一顶棉织睡帽，英格兰现有工厂就已经供不应求了"并不遥远，幻想正在变成现实。

正因为这种憧憬，国际学术界对中国城市化道路以及与此相应的经济高速成长经验十分着迷，进而建构了"中国模式"。在这一模式中，通常认为发展主义政府，尤其是以经济发展为取向的地方政府作用至关重要，是"中国模式"的基石。由于政府以经济发展为目标，使其在各种政治和社会事务中均以 GDP 为检验标准，而不带其他偏好，因此这种"中性政府"是推进城市化，进而促进经济成长的关键。

至少从浅层次看，上述观察是真实的。国际经验表明，城市化不是凭空而来的，如果靠自发演化，不仅耗时过长，而且因缺少规划，会阻碍城市的进一步发展。更为严重的是，放任自流的发展极易引发诸如就业机会不足、贫民窟、社会秩序混乱等城市病，进而出现"城市漂移"（urban drifting）。于是在城市发展中，如何发挥政府的作用就成了一门学问，在各国的大学中普遍没有城市规划专业便是一例。而中国城市化的经验恰恰从一个角度映射出：一个强势政府是可以阻止上述城市病的。

但是，如果深层次追究，一些疑问也随之产生。首先，什么原因使政府有如此巨大的热情去推动城市化并不受其他偏好的影响呢？其次，是什么机制保证政府推动城市化资源的持续供给，尤其是资金的充沛来源？第三，这种政府推动的城市化是否可持续？显然，不厘清这些问题，就无法客观全面地把握中国城市化的全貌，进而也无法将"中国模式"理论建立在可靠的理论基础之上。从这个意义上讲，本课题的研究实质是制度经济学层面的事，希望通过实证分析来探讨制度的演进及其意义。

二

中国政府在城市化中所扮演的重要角色可追溯到 1949 年。此前，一如其他发展中国家，中国的城市化并没有政府的强力干预，呈现出自然而然的过程。新中国成立以后，中国实行了类似苏联的高度集中的计划经济体制：反映在宏观方面，是用指令性计划取代竞争性价格机制来配置资源；反映在微观层面，是用行政性生产单位取代优胜劣汰的自由企业制度。从制度经济学的角度观察，这一体制的信息是自下而上汇总的，而决策即指令则是自上而下贯彻的。中央计划部门是最高甚至是唯一的决策者，地方政府仅是甚至是唯一的执行者，并由此使整个经济活动，无论人财物还是产供销均为计划所控制。需要指出的是，这一体制是一个严密的体系，为保证经济计划的顺利进行，需要在社会体制、政治体制等方面作出相应的安排。除在城市维持各种附属于行政权力的"单位"外,在农村表现为用行政权力人为地维持城乡分割。

十分明显,上述高度集中的计划经济体制的运行结果表现在财务安排上便呈现出财政主导性特征,一切经济活动皆为国家经济活动。所谓财政,是一半财、一半政。它是国家治理的基础和支柱,高度服从于国家的战略目标。新中国成立后,囿于当时的历史条件,发展工业尤其是与国防安全相关的重工业是当务之急。为了发展工业,必须扩大投资,这就要求抑制消费、动员储蓄、控制成本。而高度集中的计划经济体制及与其相适应的社会、政治体制安排恰恰可以满足这一要求。

具体来看,上述诉求的实现机制是:在农村,通过农产品的统购统销人为地压低农产品价格,抬高工业品价格,用"剪刀差"动员农村储蓄投入工业,并相应地压低工资成本;通过人民公社制度将农村人口束缚在土地上,人为地增加了人口流动的机会成本,以此不仅使低工资成本长期保持,并可以相应维持工业资本积累能力的可持续。在城市,通过兴办行政附属性的国营工厂来保证资本集中投向国家最需要的工业部门,通过票证配合制度人为地抑制消费,并通过附属于财政的国有银行垄断性安排将消费剩余不断动员成工业投资。在这种情况下,服从于国家战略目标的财政安排自然决定了其财力安排顺序:先建设、后生活。集中力量发展工业,而城市则被视为发展工业所必要的代价而成为从属性的。于是当时中国城市就呈现这样一番景象:在马路一边是高大的厂房,在马路另一边则是"干打垒"的职工宿舍,居住条件差,生活配套设施不足，城市基础设施及公用事业严重欠缺。这种景象在新兴工业基地中的典型代表是大庆，在老工业基地中的典型代表是沈阳铁西区。

高度集中的计划经济体制在带来经济发展的同时，也带来了严重的弊端。一方面，20 世纪 70 年代末，中国的工业体系已初步形成，工业生产总值已占全社会总产值的 70％以上，另一方面，城市化却严重滞后，70％以上的人口仍然是农民，二元经济分割倾向不仅在固化、深化，而且尖锐对立并有断裂之忧。用当时的语言表述就是，农轻重比例严重失调，城乡差距不断扩大，国民经济走到崩溃的边缘，其根源在于"斯大林模式"，即高度集中的计划经济体制决策失误，浪费严重，效率低下。也正是这个原因，改革成为历史的必然，而改革的目标取向自然是构建市场经济体制。

回顾 35 年中国改革的经验，可以看到，中国采取的是市场取向的渐进式改革方式。这一方式奠定了中国现有城市化模式的基因并因路径依赖而显著化。改革起步于高度集中的计划经济体制。改革的逻辑和实践起点首先就是减少集中度，表现为行政权力尤其是决策权力的下放：在中央与地方关系上体现为简政放权，地方政府有更大的决策权，在政府与企业的关系上体现为放权让利，不仅让企业有经营自主权，而且还有利润留成；在企业与职工的关系上引入奖金制度，允许干好干坏不一样；在农村则实行土地承包经营制，鼓励农民多劳多得。决策权力的下放在国家和农民的关系上，废除了粮食的统购统销，取消了人民公社制度，实行家庭联产承包责任制；在给农民经营自由的的基础上，鼓励农民多劳多得。

这一系列制度性的放权安排,使中国的城市化道路开始摆脱传统模式,表现在三个方面:

首先,以家庭联产承包责任制为基础的农村经济体制改革中,农民可以自主投资、自主经营,使中国的工业化不再是国家主导的工业化,而呈现典型的亚洲工业化特点,即有了货币收入的农民受工业化规律的支配而投资于工业,乡镇企业蓬勃发展,其聚集发展改变了原有的城市布局,小城镇开始涌现。与此同时,城镇建设资金也不依赖于财政拨款而多采用集资、入股等所谓自筹资金的方式安排。从某种意义上讲,这是中国最早出现的公共民营合作制(PPP)形式。

其次,原有的城市是国有企业的聚集地,在以乡镇企业为代表的非国有企业的激烈竞争下,国有企业业绩普遍不佳,甚至亏损严重。这不仅极大地影响着地方财政收入,而且因工人下岗,就业形势严重化迫使地方政府必须招商引资。为吸引投资者,"三通一平"的基础设施就成为基本条件,而老城区改造成本较大,于是多采用在老城区旁建新城的办法,开发区模式由此而大行其道。

第三,简政放权为上述城市化发展提供了充分条件。20世纪80年代,随着家庭联产承包责任制的广泛发展,从农村动员经济剩余的途径已经堵塞,与此同时,随着对国有工业企业的放权让利,以利润为基础的财政收入又呈下降趋势。前后夹击,动摇了原有的财政基础,财政体制不得不改弦更张。1984年后,一方面在财政收入上开始推行"利改税",另一方面在财政支出上,开始推行"拨改贷"，与此同时，在政府间关系上开始推行"分灶吃饭"，即中央和地方各自承担本级财政支出。财政体制这一变动，为地方政府满足本级财政支出而组织财政收入奠定了前提条件。长期在高度集中计划经济下所形成的工业化和城市化脱节，造成了城市化欠账，再加上农村剩余劳动力转移就业的压力巨大，迫使地方政府必须以极大的努力去组织收入以满足支出。预算外收入由此产生，而且增长迅速，并日益成为城市建设的主要资金来源。

制度经济学研究表明，制度变迁有"路径依赖"特点。一旦初始条件给定，制度演进会沿着初始条件所规定的发展可能性空间展开，并在这一展开的过程中不断强化对这一路径的依赖倾向。在中国的城市化中，20世纪80年代由决策权高度集中到决策分散这一放权安排，改变了初始条件并引致上述三方面的变化，而这些变化中都暗含了一条共同的路径：可以不用正规的财政资源（由税收构成的一般性财政收入）来实现城市发展的资金安排。并且随着时间的推移，在各地方的相互竞争和模仿下，这一路径日渐清晰起来，这就是土地批租制度，即通过生地变熟地来使土地增值，进而通过变现来筹措资金。除用于基础设施建设外，还可以以地养地，滚动开发。"土地财政"的基因由此奠定。

由于包括土地在内的各种资源多集中于地方政府，故其筹措财政收入尤其是预算外财政收入的能力远高于中央政府。1980年到1993年，地方财政收入占全国财政收入的比重平均高达68%。一些经济发展快，资源价格尤其是土地价格上涨快的省份，其财政收入增长远快于全国。相比之下，地方政府的支出责任却并未发生较大变化，尤其在一些经济发达省份，支出增长小于收入增长。1980 年到 1993 年，地方财政支出占全国财政支出的比重平均为 49%，呈现出财权大事权小的格局。

中央财政收入占全国财政收入的比重持续下降，甚至到了中央财政支出难以维持的地步，终于触发了 1994 年的财政体制改革。囿于当时的条件，这一改革并未在各级政府支出责任上做大的调整，而是集中力量用于筹措财政收入，尤其是中央政府的财政收入，其目标是有限的，主要是提高两个比重，即提高财政收入占整个国民收入的比重，提高中央财政收入占整个财政收入的比重，俗称分税制改革。

就当初设定的优先目标而言，分税制改革取得了巨大的成功。除财政收入占整个国民收入的比重提高外，中央财政收入的比重也持续提高。到 2008 年，地方财政收入仅占全国财政收入的 47%，较 1994 年下降 21 个百分点。但与此同时，地方政府的支出责任并未相应减小，支出不断上升，结果到 2008 年地方平均财政支出已占全国财政支出的 79%，比 1994 年上升 20 个百分点。地方政府的财政收支缺口越来越大，为满足城市建设资金的需求，地方政府必须进一步拓展资金来源。其结果是以土地作为融资中介的城市化投融资模式逐渐兴起，成为 21 世纪以来主导城市化投融资的主要模式，同时也成为当今中国地方政府"土地财政"的完备形式。

1998 年，国家开发银行与芜湖市政府在国内首创了城市基础设施贷款领域的"芜湖模式"，即把若干个单一的城建项目打包，由市政府指定的融资平台作为统借统还借款法人，由市政府建立"偿债准备金"作为还款保证。随后的 2000 年，国开行与苏州工业园区的合作进一步发展了这一模式，创造出一种崭新的制度安排，即政府出资设立商业性法人机构作为基础设施建设的借款机构，使借款方获得土地出让项目的收益权，培育借款人的"内部现金流"；同时通过财政的补偿机制，将土地出让收入等财政型基金转化为借款人的"外部现金流"，两者共同发挥作用，使政府信用有效地转化为还款现金流。这就是人们熟知的"地方融资平台"模式。

2000 年以后，除了国开行以外，越来越多的地方政府和商业银行参与这一模式。特别是在 2008 年，为抵抗全球金融危机带来的经济衰退，中国启动了"四万亿"经济刺激计划，新建在建的基础设施项目大幅增加，除财政投资外，更多地方政府采用了负债投资的办法，地方融资平台模式备受青睐。与此同时，金融系统对城市基础设施投资的信贷约束大大放松，也为负债投资提供了方便条件。数千家政府性公司的资产负债表迅速膨胀，负债规模急速上升。

根据国家审计署 2011 年的审计结果，2010 年地方政府性债务余额中的 48.85% 是 2008 年后发生的，并且地方债务是全国范围的。2010 年年底，全国 2779 个县中只有 54 个县级政府没有举借政府性债务。除此之外，所有的省政府、市政府和县政府都举借了债务。更为突出的是，地方政府性债务还呈加速发展之势。根据国家审计署 2013 年的审计结果，包括负有偿还责任、担保责任和其他相应责任在内的全部地方政府性债务由 2010 年的 10.7 万亿元上升到 2013 年 6 月的 17.99 万亿元，平均增长近 20%。其中，县级政府性债务增长最快,为26.59％;市级次之,为17.36％;省级为14.41％。

以地方融资平台为基本骨干的"土地财政"成为中国快速城市化的主要动力。无疑,这对加速城市基础设施建设,改善居民生活条件,吸引产业集群,促进经济社会发展发挥了重要作用,并充分体现在城市化率的快速提高上。1989年到1999年10年间,中国的城市化率只增长了4％,而2001年到2012年11年间,中国的城市化率由38％增长到52.6％,平均增长1.3个百分点。这意味着每年有1600万农民进城务工,成为工业化的主力军,而且更为重要的是,中国的贫困人口规模迅速缩小,城乡对立大幅缓解,向现代社会转型不断加快。

但与此同时,不断增加的地方融资平台以及不断攀升的地方负债规模也令人担忧。面对不断到期的地方应付债务,国内外金融市场均十分警惕。尽管地方政府屡屡承诺还债义务,并在监管当局默许下,采用诸如成立资产管理公司,允许发债替换,展期处理等"腾挪成本"方式进行风险缓释,但违约风险仍在上升,金融市场疑虑仍在加重。在信息相对透明的债券市场,以地方政府控制的城投公司为负债主体的城投债借新还旧发行成本已达7％以上,但仍频现支付危机,如出现了"上海申虹"、"云南城投"、"黑色七月"等事件。

更大的问题在于,现有的城市化融资模式基于一个基本的假设:在中国快速、持续的城市化进程中,城市的土地价值将在相当长的一段时间内处于上涨趋势。这种情况下,地方政府的债务融资可以依赖土地储备作为抵押品，并以土地升值为还款来源，从而使路径依赖更为强化。地方政府自觉或不自觉地存在维持或者推动房价、地价上涨，鼓励房地产发展的政策冲动，就是一个充分体现。

基于先天禀赋的差异，一些三四线城市过多的土地供给和超前的基础设施建设，出现了"空城"、"鬼城"。未来这些地方政府进一步融资的能力受限，城市化的质量与前景也令人生疑。而大型的一二线城市则限制土地供给，房价畸高，是否拥住住房成为财富差距的主要因素，阻碍了社会阶层流动，公众舆论对此批评不断。这些都对现有的城市化模式构成了严重的挑战。尤其需要指出的是，随着中国人口老龄化程度的加深，房地产刚性需求将呈下降之势，房地产价格还会持续上涨吗？这一系列现象给中国未来的可持续发展蒙上一层阴影。

今天，我们面临这样的一个问题：未来的城市化如何又快又好地持续下去？而这一问题面临两个挑战：第一，现有的城市化模式还能持续吗？如果不能持续，如何化解其带来的债务风险？第二，构建新型的城市化发展模式，这不仅仅需要我们寻找长效的、稳定的建设资金来源，更需要对地方政府功能作重新审视和定位。

三

这里，我们需要重新回溯一下关于中国地方政府在经济发展中地位和作用的争论。

主流经济学界认为，在过去的 30 年里，中国经济增长之所以有"奇迹"(年均 10% 左右的 GDP 增速),就是因为中国经济体制改革是市场取向性的,是符合新古典经济学的基本原则的。这包括放松管制、经济开放、市场竞争、保护产权,以及与政府减少干预相适应的谨慎的财政政策。中国经济体制改革尤其强调,政府退出具体的经济活动,停止对要素市场的价格干预,保持国有企业中性角色等,因而更被视为主流经济学及其衍生政策的成功范例。

在这一认识下,城市化的发展应该遵循市场原则,政府之手不应该伸得太长,大规模的造城运动、政绩工程违背了市场规律,一般来说都是缺乏效率、品质低劣的项目,因为好的项目会赢得市场的认可并获得融资,而不需要政府插手。如果按照这一原则行事,中国大多数的"铁公基"的项目可能都不会面世,自然也就没有规模庞大的地方政府性债务。根据这一原则,让地方政府及其控制的融资平台直接向资本市场融资,即以发行债券、风险自担的方式为城市化融资也是一个不错的选项,美国"西进运动"中的基础设施建设就是一个生动的案例。

但是,即使主流经济学也无法回避中国地方政府在经济增长中的功能。制度经济学的"鼻祖"科斯在与王宁合著的《变革中国:市场经济的中国之路》中也承认,包括苏州工业园区、昆山高新技术产业开发区在内的 90 多个国家级经济技术开发区以及数目巨大的省、市、县级工业园对中国的经济增长起到了重要的作用。

有鉴于中国地方政府在经济发展中所扮演的积极角色,有不少学者倾向于挖掘政府在城市化乃至经济增长中独特的、举足轻重的作用并重新予以定义。有人归结为中国政府的远见卓识,有人归结为"政治上的贤能体制"，并得出结论：一个致力于经济增长的中性政府有利于现代化建设，这是发展中国家现代化潮流的新鲜经验，并可加以推广。但是，这种逻辑的不自洽性也显而易见。债务的不可持续、生态的恶化、收入差距的扩大以及腐败的大范围发生，使这种看法很难被接受。

目前，上述两种看法及其背后所代表的学术思潮仍在激烈的交锋中。孰对孰错暂且不论，但这两种意见的分野，造成公共舆论在如何为城市化融资上出现分歧，并影响决策，造成一系列政策的决策存在障碍。例如，发展大城市还是主推中小城镇，全面推进利率市场化还是保留开发性政策金融的利率优势，不同的观点和看法形成两条截然不同的轨道，各说各话。

问题的关键在哪里？以往的学术讨论过多聚焦于理论层面的探讨，基于对现代化、规范化的政府治理的诉求，从理念出发，试图给政府之手戴上手铐。这一思路忽视了路径依赖的约束，而各个国家的政府事权与政府间财政关系的形成一般都有特定的历史原因。跳过这一历史现实，直接以国外经验作参照系，可能符合中国未来的发展方向，但过于空泛，缺乏可操作的现实基础，进而被束之高阁。而离开了学术与理论的支撑，政府就完全是摸着石头过河，当然有可能会摸到靠谱、先进的经验依据，但误入深沟、偏离改革彼岸的情况也难免会发生，这不可避免会贻误政策时机、降低改革的效率。

基于这种考虑，2009 年在《城市化与金融》系列课题研究开始时，我们就认为最佳的研究路线是将研究视野回归现实，抛开先入为主的理念框架,从历史、事实、数据中描述、分析研究对象,寻找问题的症结,为下一步的分析和研究提供依据。同时,以比较的视角,梳理发达国家、相似经济发展路径或发展阶段的东亚国家和新兴市场国家的经验教训。最后,比较中国的现实及国际的经验,寻找可供中国参考的政策选项。我们认为,从实证的角度出发,可以刻画现有中国城市化模式的内在机理,评估其优劣,并在此基础上形成新的学术规范。

四

我们尝试从大范围多个角度来回答政府在城市化进而在经济发展中的作用得失,有以下主要研究发现:

在过去35年中,中国至少做对了两件事情。第一,过去十几年内,政府主动而非被动展开的基础设施建设减少了中国整体上的投资错配,降低了因此带来的潜在GDP损失;第二,在金融市场不发达的背景下,以土地为主的政府融资中介,为中国创造了安全资产,整体上提高了融资市场的效率。这两者都改善了中国城市化和经济增长的绩效。

地方政府推动的基础设施建设投资客观上改善了中国整体投资的错配,促进了经济增长、人口城市化的宏观目标,但其本意可能只是为了增加地方政府收入、提高本地GDP增速。地方政府性债务规模上升并出现潜在的系统性金融风险,也可能是中央政府有意放松金融管制的副产品,因为对于通过地方政府的负债投资来拉动整体的经济增长,中央政府是乐见其成的。

由上，"如何为城市化融资"的命题的核心是"明确谁来为城市化融资"。它体现在两个方面，分别为"政府事权与支出责任划分"和"政府间事权与支出责任划分"，简而言之，即"政府与市场"以及"中央与地方（及其他各级政府间）"事权和支出责任的界限划分。

自 1994 年分税制改革以来，20 年间，政府事权界定及政府间事权与支出责任划分问题一直被提起，但始终未得到解决，在改革的议程上被长期虚置。一个很重要的原因是从计划向市场的转型中，政府应承担的职能尚不明确，不仅仅是政府的职责存在大量的越权与缺位，政府内部及学界对政府职责定位的认识也不是很清楚。与此同时，地方政府在经济发展，尤其是促进就业方面承担着巨大责任。一旦影响地方政府的积极性，将会影响经济发展，而这在高度集中的计划经济体制中是有教训的。于是一直保留着"上下一般粗"的政府间事权划分，即所谓的"中央出政策，地方对口执行"。政策出台后，目标向下由各级政府逐级分解，由基层政府落实执行，形成事权下移的局面。

政府事权界定的模糊，使得政府尤其是地方政府全面参与了经济发展，树立了政府在经济活动中的主体性作用，客观上改善了中国经济增长的绩效，也牺牲了长期经济发展的空间，在今天甚至已经成为城市化深化（或者说"人的城市化"）的障碍。

政府间事权与支出责任界定不清，使得中央政府对地方政府的所作所为只能"孩子与脏水"一起留着，地方政府修路建桥欠下的债务，中央政府很难独善其身，自然也就很难要求地方政府践行"谁的孩子谁抱走"的市场化处理政府性债务的思路。

上述研究发现使结论因之而十分明确：在过去 35 年中，通过工业化来加速经济增长、克服普遍贫困，既是经济发展规律使然，也是中华民族复兴的历史追求。在这一过程中，中国政府尤其是地方政府发挥了不可替代的积极作用，主要体现在政府主导的城市化为工业化形成了有力的支撑，中国经济快速成长，并使中国经济社会发展进入新阶段，其鲜明的标志就是城市化率超过 50%。

中国经济社会发展的新阶段意味着过去"土地的城市化"需要进入"人的城市化"：与人的发展相关的教育、医疗、文化等事业成为发展的重心；与之相适应的包括社会保障在内的基本公共服务均等化成为城市化新的诉求，这要求政府的职能从经济建设型转向公共服务型，相应地需要重塑政府与市场的关系，重新划分政府间的事权与支出责任。除政府应退出经济活动、市场发挥决定性作用外，在政府间财政关系上，应以公共服务型政府为指向，划分事权，厘定支出责任。

五

"千里之行，始于足下。"上述研究发现和结论是通过对问题的细致梳理而逐步形成并日臻完善的。

根据对《城市化与金融》系列课题的规划，自 2010 年开始，上海金融与法律研究院逐步开始与各领域的研究人员接触，先后遴选了来自复旦大学、上海交通大学、中国社科院世界经济与政治研究所、美国明尼苏达大学、上海财经大学等的多位专家所主持的不同的研究方向，依次展开课题研究。

同时，上海金融与法律研究院还组织了大大小小十余次研讨会、评审会、报告会，引入地方政府、城投与路桥公司、发改委、银监会、央行、国家开发银行、商业银行、评级公司、科研院所、专注于公用事业投融资的咨询公司等机构的研究人员参与讨论，在激烈的观点碰撞和热烈讨论中，《城市化与金融》各课题的负责人吸收了相应的意见。

在对课题的密集讨论中，参与研究的人员逐步形成共识：地方政府的融资平台及其债务风险是研究的最佳切入点。理由是：地方政府的债务风险只是现行城市化模式的结果，而理解现行城市化模式的钥匙就在地方政府融资平台。

复旦大学中国经济研究中心王永钦对地方政府融资平台及345家城投债进行了理论与实证研究，探究地方融资平台的效率、风险与最适透明度。研究成果表明，地方政府融资平台实际上是受到流动性约束的地方政府在经济发展过程中进行的金融创新，非常类似于资本市场发达国家最近一二十年内出现的资产证券化。

而地方政府融资平台承建的基础设施是否应该继续，应该分析新建投资是否有财务风险。上海交通大学安泰经管学院黄少卿与施浩团队因此对基础设施投资的效率做了研究，认为中国基础设施目前已经过度，应警惕未来的财政风险，地方政府在进行大规模基础设施投资时，必须与私人性的生产设施的投资形成齐头并进的良性局面。

地方政府的巨额债务自然是快速城市化的结果，但城市化不是地方政府债务产生的唯一因素,要理解地方政府债务的产生,需要从中国整体经济发展模式、财政制度与金融体系关系的角度来审视。复旦大学中国经济研究中心傅勇从中央与地方"财政—金融"相互交织的视角,来讨论中国经济体制改革的脉络及其内在逻辑,以此揭示地方政府债务产生的本质原因。他指出在现有体制下,债务规模是由中央与地方博弈决定的,城市化只不过是债务产生的中介,并非根本原因。要一劳永逸地解决无序债务增长问题,还需要从财政、金融制度的安排入手。

中国的城市化是史无前例的,虽然从国际视野来看,中国的基础建设缺乏可参照的学习对象,但他国的经验值得中国学习,他国的教训中国也应警惕避免。中国社会科学院世界经济与政治研究所何帆梳理韩国的地方政府债务现状及融资模式,结合韩国国家行政结构、地方政府自治、金融市场结构等背景,对该国地方政府融资和风险管理系统进行评价,并在具体运行过程和制度背景中找出问题所在。

作为成熟的发达国家,美国当前的基础设施建设也为我们提供了可资借鉴的图景,如借债方式是否恰当,债务开支是否得宜,债务规模是否可控,债务的风险如何评估和防范等等。美国明尼苏达大学赵志荣以明州的交通设施投融资为研究对象,从政府和市场的职责分工、各级政府间的协作、现金流和债务融资的取舍、税费手段的选择和设施定价水平的考量五个维度深入"解剖一只麻雀",分别介绍明州交通设施投融资的资金来源、项目间的资金划拨,以及新近主要议题。

从操作角度观察，要处置当前的债务风险，中央政府必须考虑不同的地方政府债务处置方案将对未来地方政府的融资模式产生何种影响。毕竟地方政府目前还有着很强的融资需求，尤其当前地方政府支出的压力不仅仅体现在大规模的城市化建设上，更体现在养老、医保、住房等多个领域中，这些都会对未来地方政府的可持续财政形成很大的冲击。

从全局来看，化解存量的地方政府债务、设计未来地方政府融资的新渠道，是政策技术层面需要面对的问题。要解决这些问题，就必须回应近20年来一直模糊的界限，即中央与地方的财权与事权关系的匹配、政府与纳税人之间的权利和义务的匹配，亦即明确城市化进程中，哪些事情是需要政府来完成的，哪些是市场可以自行完成的。前者是政府事权，后者可以通过PPP等融资模式来为城市化项目融资。在此基础上，明确中央与地方关系，政府事权中除去中央政府承担的，留下的才是地方政府的事权以及融资问题。在这个背景下，清理地方政府债务才有意义，才不会像韭菜割了一茬又长一茬。

上海交通大学凯原法学院黄韬以地方政府债务问题为出发点，从制度的历史文本上梳理了中央与地方政府分别拥有的事权及其变革，他指出当前中国的地方政府债务问题实际上折射出财政体制中的一个制度性缺陷，即中央与地方之间的事权关系尚未被纳入法治的轨道，法治化程度不高导致中央与地方的事权与财力不匹配，中央与地方政府在过去30年一直处于拉锯状态。

这不仅印证了傅勇的研究成果，还表明应当着力提升我国中央与地方事权关系法治化的程度。在这个过程中，也应当意识到，既有的那种能够防止地方政府过度举债融资的自上而下的政治控制机制将不可避免地被削弱。因此，需要注意到制度与制度之间的彼此勾连，防止因中央和地方事权关系法治化的提升而带来的新问题。

与此同时，中短期的城市化融资及化解地方政府债务，无法回避地方政府融资平台及存量债务。上海财经大学公共经济与管理学院郑春荣着眼于政策的技术性解决方案，基于地方政府财政收支情况与地方政府融资平台的财务和经营的微观数据，在前述课题研究成果的框架下，厘定地方政府融资平台的事权边界，优化融资结构。

近几年内，地方政府债务的可持续性维持十分重要，对此，我们的建议如下：第一是短期内财政体制在省市县不要发生重大变动，政策核心在于如何缓解债务的到期偿付；第二是解决目前地方政府债务的期限错配，将债务进行 ABS 再证券化，把银行对地方政府的贷款打包成债券然后卖掉，拉长融资期限以匹配项目期限；第三，为了保证前述目标的实现，需要全面梳理地方政府的自主发债，推进金融市场化，比如成立权威高效的信用评级公司、利率市场化、消除基建项目的国家信用隐性担保等。

六

35 年前，再有想象力，也无法预见中国今天的经济规模和城市化水平，我们或许正经历着中国历史上经济社会形态转型最为剧烈的时代，其历史地位可与人类历史上任何一个伟大时代相媲美。作为经济学家，我有幸处在这样一个激动人心的年代。

35 年前，当我们刚跨出校门，就置身于改革开放的潮流中，不仅见证这一时代转型的细节，还卷入重大决策的讨论中。1985 年，一群致力于改革开放的青年经济学家共同发表的《改革：我们面临的挑战与选择——城市经济体制改革调查综合报告》。其时，我们就指出："经过几年努力，经济系统运行开始向市场方向倾斜，为改革向更深层次的市场突破，创造了比改革之初优越得多的基础。同时今天的改革面临新的严峻挑战，要求我们以更大的勇气和决心，以更加审慎的态度，沿原有'放'的思路，在劳动力市场和金融市场问题上，正面迎接工资结构性上涨和投资饥渴症的挑战。"这些话用在今天仍然毫不过时与突兀。

同样的话，并不代表中国在原地踏步，相反表明，我们站在一个新的历史起点。地的城市化已见成果，而人的城市化刚开始旅程，30 余年的城市化历程过后，反思城市化进程中的得失成败，探索新型城市化的道路，这已经成为上海金融与法律研究院未来几年的工作重心。而能与这些年轻的、有理想、对未来充满希望的研究院同事一同面对这个时代，一同为中国的现代化转型探寻未来，令人鼓舞。

是为序。

曹远征

中国银行首席经济学家

上海金融与法律研究院学术委员

目　录

第 4 章

第 5 章

我们的国家这样大，人口这样多，情况这样复杂，有中央和地方两个积极性，比只有一个积极性好得多。我们不能像苏联那样，把什么都集中到中央，把地方卡得死死的，一点机动权也没有。

——毛泽东①

一个共和国，如果小的话，则亡于外力；如果大的话，则亡于内部的邪恶。

——孟德斯鸠②

第1章

引言：分税制改革与模糊的政府间事权分配关系

探讨当下中国的财政体制问题，一个绕不开的"关键节点"就是 1994 年的分税制改革，这一变革不仅在当时剧烈地改变了我国中央与地方之间的财政关系，而且深刻地影响了此后至今约二十

---

① 毛泽东：《论十大关系》，载《毛泽东文集》第 7 卷，人民出版社 1999 年版。
② 孟德斯鸠：《论法的精神》（上），张雁生译，商务印书馆 1959 年版，第 154 页。

年的中国宏观财政格局和不同层级政府间关系的走向。

1994 年的分税制改革终结了此前我国财政领域"弱中央"的格局①，扭转了中央财政难以为继的尴尬状况②。在实施分税制后的当年，中央的财政收入比上一年增加 200％，占全国财政总收入的比例由上一年的 22％急升至 56％。但是，分税制改革仅仅划分了中央与地方之间关于税收收入分配的"楚河汉界"，它在客观上起到了全国财力向中央集中的效果，但却没有同时对中央与地方之间的事权分配关系进行制度性的安排，而正是这样一次"不对称"的改革使得我国央地之间的财政关系出现了急剧性逆转，"强中央、弱地方"的新格局迅速形成并在此之后呈不断强化之势。由此，财力逐级上收和支出责任逐级下放导致的事权与财力不匹配的问题始终困扰着各级地方政府。分税制改革实施之后的1995 年至2004 年这十年间，中央财政收入平均占国家财政总收入的52％，但中央财政支出平均只占国家财政总支出的 30％。而在另一端，地方财政收入占全国财政总收入比重不断减少的同时，地方财政支出比重却不断加大。到 2004 年，地方财政收入占全国财政

---

① 王绍光教授认为经过十余年分权让利的改革，地方政府在 20 世纪 90 年代初期已经成为了独立的利益主体，构成了对中央政府控制的挑战，中国的"国家能力"被严重削弱，存在着"诸侯割据"的危险。参见王绍光：《分权的底限》，中国计划出版社 1997 年版。

② 分税制改革之前所实施的"财政包干"体制虽然给予了地方政府促进经济发展的强大制度激励，但同时也使得中央财政最终陷于捉襟见肘的境地，甚至在 20 世纪 80 年代末和 90 年代初，还发生过两次中央财政向地方财政"借钱"的事。参见《我国分税制决策背景历史回放》，《瞭望》2008 年 8 月 4 日。

总收入约为 45％，但地方财政支出却占全国财政总支出的约 72％。[1]

　　在这样一种背景下，以尽可能扩大可支配财力为政策目标的地方政府的诸多财政行为就可以很好地得以解释了，例如地方财政对土地出让金收入的过度依赖[2]，又如地方政府在《中华人民共和国预算法》(以下简称《预算法》)约束之外通过地方融资平台等隐性的渠道来举债融资，而造成了近年来我国地方债务规模的不断扩张和宏观经济金融风险的逐渐累加，引发了最高政治决策者的关注[3]。而要消除这些可能给中国经济社会运行带来严重威胁的财政隐患，一个不可或缺的制度建设方案就是做到地方财力与事权之间相匹配，而前提就是明确央地之间事权分配关系的划分，建立事权和支出责任相适应的制度。这一点已经成为普遍性共识而写入了中共的官方文件。[4]

　　地方政府的财力与事权不匹配、事权与支出责任不相适应的

---

①　参见童大焕：《被分税制改变的中国》，http://finance.sina.com.cn/review/zlhd/20060927/06542949723.shtml。

②　根据财政部公布的 2013 年全国财政收入数据，地方财政收入中最大的部分是国有土地使用权出让收入，达到了 4.1 万多亿元，仅此一项就占地方公共财政、政府性基金两类收入总和的 35％。如若再加上土地、房地产业、建筑业的租、税、费收入，总计达到 6.6 万亿元，为地方财政贡献了 50％ 以上的收入。参见《全国财政收入超过三成来自房地产》，http://economy.caixin.com/2014 - 01 - 24/100633264.html。

③　2013 年 12 月召开的中央经济工作会议在其会议文件中首次明确提出要"加强地方政府债务管理"，参见《中央经济工作会议在北京举行》，《人民日报》2013 年 12 月 15 日。

④　参见《中共中央关于全面深化改革若干重大问题的决定》(2013 年 11 月 12 日中国共产党第十八届中央委员会第三次全体会议通过)。

问题在现阶段已经成为我国经济、社会稳定发展的一大制约性因素。《关于2014年中央和地方预算执行情况与2015年中央和地方预算草案的报告》所提供的数据显示(见图1.1和图1.2),在中央与地方的收入对比关系上,2014年中央一般公共预算收入为64 490.01亿元,地方一般公共预算本级收入为75 859.73亿元,两者对比约为45.95∶54.05;而在支出一端,2014年中央本级支出为22 569.91亿元,地方一般公共预算支出为129 091.63亿元,两者的对比则为14.88∶85.12。显然,如果没有财政转移支付的话,地方政府基于其实际事权而承担的支出责任是无法与其财权相匹配的。

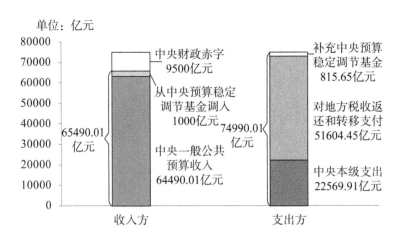

资料来源:《关于2014年中央和地方预算执行情况与2015年中央和地方预算草案的报告》。

图1.1　2014年中央一般公共预算平衡关系

另一方面,根据审计署2013年发布的《全国政府性债务审计结果》公告,截至2013年6月底,省市县三级政府负有偿还责任的

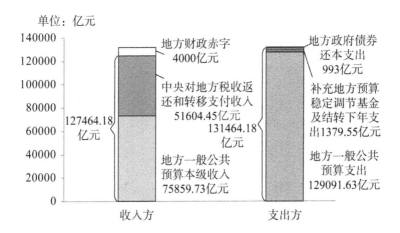

资料来源:《关于 2014 年中央和地方预算执行情况与 2015 年中央和地方预算草案的报告》。

图 1.2　2014 年地方一般公共预算平衡关系

债务余额为 105 789.05 亿元,比 2010 年底增加 38 679.54 亿元,年均增长 19.97%,其中:省级、市级、县级政府年均分别增长 14.41%、17.36% 和 26.59%。① 这也从一个侧面反映了,层级越低的政府,因其面临更大的财政压力,进而会使其自身负担更多的债务。

　　在改革的大方向已经基本明确的前提下,涉及中央与地方事权分配关系的法律制度变革将不可避免,尤其是 2014 年 10 月中共十八届四中全会审议通过的《中共中央关于全面推进依法治国若干重大问题的决定》明确提出了要"推进各级政府事权规范化、法律化,完善不同层级政府特别是中央和地方政府事权法律制度"。为此我们就有必要首先厘清我国现有的各层级成文法律规则对于

---

　　① 参见《全国政府性债务审计结果》(审计署 2013 年第 32 号公告),2013 年 12 月 30 日。

央地之间事权的分配是如何界定的，这些法律规则是基于一个什么样的演变过程而出现的，以及这些法律规则在实施的过程中表现出了哪些普遍性的特点。而只有对这些现实情况及其成因有了全面把握，我们才有可能提出有针对性的制度改革具体方案和路径规划。

在财政学的话语体系中，事权一般指的是一级政府在公共事务或服务中应承担的任务和职责，或者简单地说，就是政府的财政支出责任（expenditure responsibility）。事权和财权、财力共同构成了政府间财政关系的三要素。但是，考虑到当下中国的各级政府不是那种经典意义层面市场经济国家中的"有限政府"，建设"法治政府"也任重道远，故而我们所要面对的诸多现实问题已经超越了财政学的一般范围，涉及了与政府职权行使范围的界定相关的各种问题，因此本书所要讨论的事权划分不仅仅指显性的财政支出责任的划分，而且延伸为政府权力（government power）在中央和地方之间如何分配的广泛议题。①

过去 30 多年的体制转型期间，中国各级政府间的权力分配涉及诸多复杂问题，例如，基础设施投资审批权限，国有资产或国有企业的管理权限以及土地规划、出让、转让事项的许可权限等。在行使这些权力的同时，各层级政府也实际上承担着某种隐性的支

---

① 原财政部财科所所长贾康认为，"事权"和"支出责任"两个概念并不完全等同，支出责任是事权框架下更趋近于"问责制"与"绩效考评"的概念表述。公共财政的本质要求是在"分钱"和"花钱"的表象背后，建立对公共服务责任的合理、有效制度规制，以寻求公共利益最大化。参见《贾康：财税改革的关键是事权范围确定》，《中国经营报》2013 年 11 月 16 日。

出义务或者担保责任，在具体形式上可能表现为公共建设的政府补贴支出、基本社会服务支出、维护社会稳定和就业的支出、社会保险和社会保障的支出以及为筹措公共资金而负担的支出等。既然权力与责任是同一硬币的两面，那么在探讨央地事权分配关系问题时就不应忽略其中的任何一个方面。

第 2 章

法治不完备条件下我国政府间
事权关系的集中表现

由于我国尚未实现法律化、制度化的政府间事权分配关系,这就导致了在实践中,我国政府间的事权分配关系时常表现出支出责任被任意地逐级下放、上下级政府"职责同构"以及周期性的"收权、放权"循环等特征。由此就产生了财政负担被层层下移,地方政府的"全能"与"无能"同时存在的现象,而"一收就死,一放就乱"的治乱周期也得到进一步强化。

2.1　支出责任的逐级下放

以 1978 年为始点的中国经济改革在中央与地方财政关系方面的一个集中表现就是中央对地方的放权。[①] 1980 年起,我国开始实行划分收支、分级包干的"分灶吃饭"的财税体制。自此以后,

---

① 尽管政治教科书上一直把中国定义为典型的"单一制"国家,但就财税体制而言,中国表现出明显的"联邦主义"或者"准联邦制"的色彩,这方面的文献有:

国家财政预算内非经济建设支出占 GDP 的比重持续性下降,从 1979 年的 12.7% 下降到 1992 年的 7.5%。[①] 央地关系中,事权的向下转移一定程度上解决了地方政府激励不足的问题,在保持一定水平政治集权的前提下,经济上的分权可以实现促进经济发展和居民收入提升的政策目标。[②] 但是,这样一种分权的安排也使得各类国家公共服务的支出责任呈现出逐级下放的趋势。例如,20 世纪 90 年代之后,伴随着国有企业的全面亏损,各级政府纷纷把国有企业的管理权限下放给企业(少数垄断行业的企业除外),这样一种管理权限下放也同时意味着把填补国企财务漏洞和安置下岗人员的财政压力和政治责任进行了下放。[③]

我们可再以基础教育这项最典型的公共服务为例进行说明。

World Bank, China: Macroeconomic Stability in a Decentralized Economy, The World Bank, 1995; Gabriella Montinola, Yingyi Qian & Barry R. Weingast, " Federalism, Chinese Style: The Political Basis for Economic Success in China", *World Politics*, 48(1), 1995; Qian, Yingyi and Roland, Gerard, " Federalism and the Soft Budget Constraint", *American Economic Review*, Vol. 88, No. 5, 1998; Zhang, Tao and Zou, Heng-fu, "Fiscal Decentralization, Public Spending, and Economic Growth in China", *Journal of Public Economics*, Vol. 67, No. 2, 1998; Lin, Justin Yifu and Liu, Zhiqiang," Fiscal Decentralization and Economic Growth in China", *Economic Development and Cultural Change*, Vol. 49, No. 1, 2000; Oliver Blanchard & Andrei Shleifer, "Federalism with and without Political Centralization: China versus Russia", IMF Staff papers, No. 48, 2001; Yongnian Zheng, "De Facto Federalism in China: Reforms and Dynamics of Central-Local Relations", *World Scientific*, 2007。

① 参见胡书东:《经济发展中的中央与地方关系》,上海三联书店、上海人民出版社 2001 年第 1 版,第 131—134 页。

② Oliver Blanchard & Andrei Shleifer, " Federalism with and without Political Centralization: China versus Russia", IMF Staff papers, No. 48, 2001。

③ 参见姚洋、杨雷:《制度供给失衡和中国财政分权的后果》,《战略与管理》2003 年第 3 期。

1980年之后，中国政府逐步把关于教育（尤其是包括义务教育在内的基础教育）的财政与行政管理权限下放给各级地方政府，使得各级地方政府成为承担国家教育经费筹措和支出的首要责任主体。

1985年颁布的《中共中央关于教育体制改革的决定》明确了"实行九年制义务教育，实行基础教育由地方负责、分级管理的原则，是发展我国教育事业、改革我国教育体制的基础一环"。而其后将上述"地方负责、分级管理"的教育事权界定原则进行法律化的1986年《中华人民共和国义务教育法》在其第八条中规定了"义务教育事业，在国务院领导下，实行地方负责，分级管理"。该法第十二条虽然规定了"实施义务教育所需事业费和基本建设投资，由国务院和地方各级人民政府负责筹措，予以保证"，形式上将中央和地方都界定为教育支出的责任主体，但同时又规定了"地方各级人民政府按照国务院的规定，在城乡征收教育事业费附加，主要用于实施义务教育。国家对经济困难地区实施义务教育的经费，予以补助"，这样的规定其实是明确了地方是首要的支出责任主体，而中央政府的财政转移支付只是起到补充性的功能。

法律规则虽然大致界分了中央与地方之间的教育事权关系，但是对地方各层级政府之间的职责划分却仅仅是抽象的"分级管理"四个字，以至于教育经费的支出责任逐级向下转移，《中华人民共和国义务教育法》颁行之后形成了事实上的"县乡村三级办学、县乡两级管理、以县为主"的体制，这一体制的形成等于减轻了省级和地级政府的教育支出责任。而正所谓上行下效，县级政府也会尽量将这一虽"百年树人"，但并不产生当期收益的责任转移给乡级政府，甚至是村级自治组织，从而在我国农村教育体系中形成了县办高中、乡办初中、村办小学的大致事权划分格局。这样的一种事权层层下移的做法使得越是基层的政府组织或自治组织面临着越大的支出压力,尤其是在 1994 年分税制改革之后,财力逐级上收,使得基础教育经费问题尤其是农村教育经费问题成为一个全国性难题,并且由此引发了农民税费负担过重这一政治性问题。

1994 年 7 月 3 日颁布的《国务院关于〈中国教育改革和发展纲要〉的实施意见》要求:"县级政府在组织义务教育的实施方面负有主要责任,包括统筹管理教育经费,调配和管理中小学校长、教师,指导中小学教育教学工作等。乡级政府负责落实义务教育的具体工作,包括保障适龄儿童、少年按时入学。有条件的经济发展程度较高的地区,义务教育经费可仍由县、乡共管,充分发挥乡财政的作用。"这表明国务院明确了基础教育事权原则上只能下放到县级政府,除了经济发达地区之外,县级政府不应当再将支出责任下放给乡级政府或者村级组织。但事实上,在缺乏财力保障的基础上,农村义务教育经费不足、教师工资拖欠、校舍房屋危旧、学生高比例辍学等问题无法得到有效解决,"以县为主"的体制很大程度上还是停留于纸面。

和基础教育支出责任逐级下放的现实不同的是,在我国的高等教育领域,因为法律制度明确规定了事权只是在国务院和省级政府之间进行划分①,所以尽管在高等教育制度改革中有一大批原

---

① 1995 年起施行的《中华人民共和国教育法》第十四条不仅重申了"国务院和地方各级人民政府根据分级管理、分工负责的原则,领导和管理教育工作"这一基本原则,还进一步规定了基础教育和高等教育的事权分配体制,即"中等及中等以下教育在国务院领导下,由地方人民政府管理"以及"高等教育由国务院和省、自治区、直辖市人民政府管理"。

先隶属于国务院各部委的高校的管理权限转移到了地方，但并未出现基础教育领域那样的层层下放责任的情形①。理论上来说，较之高等教育，基础教育所影响的人群范围更广，因而对于公共服务支出的公平性要求理论上也就越高，理应成为中央财政更为关注的领域。但实际上，我国的做法却是恰恰相反，中央政府的教育投入绝大部分是用于高等教育，而非基础教育。在 1993 年开始试行大学收取学费的制度之前②，1992 年我国中央政府预算中的教育事业费投入高等教育的比例占到了 96.76%，而小学和普通中学所分享到的份额却只有区区的 0.48%③。

在我国的基础教育领域，真正通过制度化的安排来落实"以县为主"的事权划分原则一直到了 2001 年才实现。当年，国务院发布的《关于基础教育改革与发展的决定》要求："从 2001 年起，将农村中小学教师工资的管理上收到县，为此，原乡（镇）财政收入中用于农村中小学教职工工资发放的部分要相应划拨上交到县级财政，并按规定设立'工资资金专户'。财政安排的教师工资性支出，由财政部门根据核定的编制和中央统一规定的工资项目及标准，通过银行直接拨入教师在银行开设的个人账户中。"

---

① 当然，除了法律本身明确的规定之外，另外一个重要原因就是我国大多数的高等院校集中在经济发达地区，这些地区的省级政府财政对于高等教育的投入可以有比较好的保障，而且高等学校的厅局级行政级别也决定了其财政经费来源不可能是省级以下的政府。

② 1993 年 2 月，中共中央、国务院印发的《中国教育改革和发展纲要》正式宣布将"收取非义务教育阶段学生学杂费"作为多渠道筹措教育经费的一种手段。

③ 魏后凯、杨大利：《地方分权与中国地区教育差异》，《中国社会科学》1997年第 1 期。

　　而 2010 年 7 月公布的《国家中长期教育改革和发展规划纲要（2010—2020 年）》则提出了"加强省级政府教育统筹"的目标，要求："进一步加大省级政府对区域内各级各类教育的统筹。统筹管理义务教育，推进城乡义务教育均衡发展，依法落实发展义务教育的财政责任。"

　　由此可见，在基础教育的事权划分问题上，法律制度对于中央与地方之间，地方各层级政府之间的权责划分始终处于不明晰的状态，以至于每一个层级的政府都视基础教育为财政支出上的包袱而想方设法往下级政府或者组织转移责任；尤其是，在分税制改革之后，财力的逐级上收更是加强了逐级下放基础教育事权的政府行为激励。在这个过程中，中央政府已经意识到事权的逐级下放实质性地影响到了基础教育这项公共服务的有效提供，加剧了基层政府和组织的财政压力，并成为农民税费负担过重的主要原因之一，为此力图用各种政策文件来界定基础教育支出责任的承担主体，不断强调"以县为主"的办学要求，并探索性地提出了"省级政府统筹"的远景目标。这就形成了政府行为实践中事权逐级下放和国家政策上反对事权逐级下放的现实对照。不可否认的是，为了解决这一矛盾关系，中央政府也试图采用财政转移支付等多种政策手段去缓解地方政府财力与事权的不匹配问题，但是我们可以看到，迄今为止这一问题的解决方案都不是在法治框架内提出的，而政府间事权分配关系的非法律化恰恰是导致支出责任分配随意性的一个根源。若没有系统性的法律制度来对政府间的责任划分进行界定，那任何解决方案的提出和实施都可能只是没有长期制度保障的"因时而异"或者"因地而异"的红头文件。

由于基础教育涉及的学校和学生数量众多,而越是基层的政府越是对本地居民的教育需求偏好有更为清楚的了解,因此从理论上来讲,基础教育的管理权限和支出责任主要应当界定给地方政府①,但是考虑到我国地方各级政府普遍存在追求任期内经济绩效的"地方政府公司主义"(local state corporation)倾向②以及我国各地经济社会发展水平的巨大差异,若没有在法律层面对中央政府以及各层级地方政府的基础教育支出责任进行合理分配,那不仅会增加基层政府的财政压力,而且很容易就造成不同地区之间居民享受基本公共服务严重不均等的状况。③

根据教育部、国家统计局和财政部发布的《关于 2012 年全国教育经费执行情况统计公告》,2012 年全国教育经费总投入为27 695.97亿元,比上年增长16.03％,这是我国历史上对教育投入最高的年份,首次超过 GDP 总额的4％,但是各地区之间义务教育不

---

① 根据奥茨(Oates)的"分权定理",关于某种公共产品的提供,如果对其的消费涉及全部地域的所有人口的子集,并且该公共产品的单位供给成本对于中央政府和地方政府都相同,那么让地方政府将一个帕累托有效的产出量提供给其各自的选民则总是要比由中央政府向全体选民提供任何特定的且一致的产出量有效率得多,原因在于较之中央政府,地方政府更接近自己的公众,更了解其管辖区选民的效用与需求。参见 Wallace E. Oates,*Fiscal Federalism*,Harcourt Brace Jovanovich,1972。

② 参见 Jean Oi,"Fiscal Reform and the Economic Foundation of Local State Corporation",*World Politics*,45(1),1999。

③ 从世界主要国家实施义务教育的进程看,美、法、德、日等国在推行义务教育之初,都曾将支出责任放在基层地方政府,但面对地方财政困境和促进机会公平的需要,普遍的趋势是将投入主体的重心上移,增加中央政府和高层地方政府的教育事权份额。参见冯兴元、李晓佳:《明确教育投入事权迫在眉睫》,《中国改革》2005 年第 4 期。

均衡的状况仍然十分严重。根据上述公告中 2012 年我国生均教育事业费用的数据,2012 年全国小学生平均为 6 128.99 元,最高为北京 20 407.62 元,最低为河南 3 458.02 元,北京是河南的 5.9 倍;2012 年全国初中生平均为 8 137 元,最高为北京 28 822.01 元,最低为贵州 5 403.22 元,北京是贵州的 5.33 倍,教育公共服务的不均等状况可见一斑。[①] 而且,由于受我国人口迁徙制度的制约,导致"用脚投票"的机制无法发挥足够作用,因此地方政府自身缺乏改进公共服务状况的足够激励。

以上以基础教育事业为样本进行的分析,展示了由于缺乏法律层面上对各级政府应承担事权的清晰界定,从而使得上级政府在上收财力的同时很轻易地就可以把事权进行下放,这样一种下放不仅是一种责任的下放,更是一种财政支出和社会风险的下放,"中央财政蒸蒸日上,省级财政喜气洋洋,市级财政稳稳当当,县级财政哭爹喊娘,乡镇财政精精光光"所导致的现实后果就是基层政府对于教育、医疗卫生、社会保障、社区治安等基本公共服务的提供"心有余而力不足",以至于社会矛盾不断积累,群体性事件频发。[②] 这实际上导致了"事"在下而"权"却在上,支出责任和支出命

---

① 学者针对地方分权与教育服务均等化关系的一个实证研究表明,财政分权对教育服务均等化具有负向效应,而转移支付则对教育服务均等化只有很小的正向效应。参见刘光俊、周玉玺:《财政分权、转移支付与教育服务均等化的关联度》,《改革》2013 年第 9 期。

② 有学者将支出责任下放导致的乡镇财政"空壳化"看作是一种基层政府的"悬浮"状态,认为其已经影响到了农村的社会结构和国家治理的安定。参见周飞舟:《以利为利:财政关系与地方政府行为》,上海三联书店 2012 年版,第 99—127 页。

令相脱节，一竿子插到底的指令在政绩竞赛中还会层层加码，令基层政府苦不堪言。① 在这样一种法治不完备所导致的权力与责任不对等的制度格局中，"中央请客，地方埋单"的情况必然会经常性地发生。

例如，为了兑现"敞开收购余粮"这一中央政府对广大农民的政治承诺，国务院于 1998 年出台了《关于进一步深化粮食流通体制改革的决定》（下称《决定》）②，在关于中央与地方事权分配的问题上，该决定赋予国务院的主要职责是"宏观调控"，而地方政府的主要职责就是"切实做好粮食收购工作"，即承担具体的财政支出责任。后来的事实证明地方财政无法持续性地为中央的"请客"去"埋单"，以至于在 1999 年财政部等部门为了减轻地方政府的支出负担而联合发布了《关于调整新增粮食财务挂账和其他不合理占用贷款处理政策的通知》③，决定"除北京、天津、上海、广东四省（市）外，其他省（区、市）新增粮食财务挂账和其他不合理占用贷款本金，暂不统一要求消化，实行本金挂账"。又比如，在保障性住房建设问题上，中央政府会将其向国民承诺的年度计划数量分解到各个省级单位，由后者筹措绝大部分的建设经费。在这样一种缺乏法律规制的事权分配体制下，中央政府占据了完全的自由裁量空间和决策上的主动权。

---

① 参见 Tsui, Kai-yuen, and Youqiang Wang, "Between Separate Stoves and a Single Menu: Fiscal Decentralization in China", *The China Quarterly*, Vol.177:71—90, 2004.

② 国发［1998］15 号。

③ 财经字［1999］484 号。

2.2 "职责同构"的纵向政府间关系

在我国的现行宏观制度框架内,除了诸如外交、国防等少数事关国家主权的事权专属于中央的职责之外,地方的事权几乎是中央的翻版,省、地(市)、县、乡(镇)的机构和职能设置基本上就是中央的镜像。

在这种关系架构中,大到宏观调控,小到市容卫生检查评比,中央(包括全国人大和国务院)几乎垄断了对所有政府管理事项的决策和监督权,而地方(包括地方人大和地方政府)事权则几乎涵盖了所有方面。我国自改革开放以来,虽然已经经历了数次规模较大的行政体制改革,但以往的改革并没有本质性地触动这一国家纵向权力关系架构。这一架构的具体表现就是"职责同构",具体来说就是指,在政府间关系中,不同层级的政府在纵向间职能、职责和机构设置上的高度统一、一致。通俗地讲,就是在这种政府管理模式下,中国每一级政府都管理大体相同的事情,相应地在机构设置上表现为"上下对口,左右对齐"①。最典型的例子就是,国防建设在理论上是纯粹的中央政府事权,但现实中往往却以"军民联防"、"军地共建"等名义成为地方政府的财政支出事项。

在"职责同构"的纵向政府间关系架构下,一个非常突出的问题就是"上级"政府有更多的理由和机会把本应由自己承担的事权

---

① 朱光磊、张志红:《"职责同构"批判》,《北京大学学报(哲学社会科学版)》2005 年第 1 期。

责任"委托"或者"交代"给"下级"政府。例如，在海洋主权维护这一事项上，其管理权限理应界定给中央政府，而不应由地方政府承担相应的政治责任和经费支出义务。但是，在我国，几乎每一个涉海的中央管理部门都有相对应的地方政府部门，因而也就导致了实践中一些中央事权被"下放"了。

又如，2012年海南省人大常委会修订了《海南省沿海边防治安管理条例》，而在对外宣传该条例修订的目标时，官方的定位即是"加大海域管控，维护国家主权和海洋权益"①。这部条例将相应的海洋管理职责赋予了省公安边防机关与沿海市、县（区）、自治县的公安边防机关以及海上公安边防机关、口岸边防机关和公安边防派出所、外事管理部门、海洋与渔业管理部门、交通运输管理部门、旅游管理部门、文物管理部门、海防与口岸管理部门、海事管理部门、海关管理部门，甚至还有军事机关。显然，该条例规定的这些管理部门要么都有相应的中央对口部门，要么本身就属于垂直管理部门的地方分支机构，而之所以这样规定，背后的思路其实就是：中央有哪些部门负有海洋主权维护职责，那么在海南省及其"下级"行政单位也就应该有对应的部门来承接相关的职责。在这里，我们无法清楚地看到在海洋主权这一问题上，法律规则是如何对中央与地方进行事权划分的，相反我们却可以发现极其明显的"职责同构"现象，在领土主权这一典型的中央事权问题上，各级地方政府的职责承担竟然也是全方位的。甚至，该条例的部分内容还疑似僭越了《中华人民共和国宪法》

① 参见《海南省修法加大海域管控 维护国家主权和海洋权益》，http://www.chinanews.com/fz/2012/11-26/4357810.shtml。

和《中华人民共和国立法法》对地方人大立法权的规定,例如:其第二十五条规定,出于维护国家主权需要的目的,省公安边防机关经商有关机关,可以设立海上治安警戒区域等沿海边防治安特别管理区域;其第四十四条规定,对非法进入或者组织他人非法进入他国海域或者中国香港、澳门特别行政区海域及中国台湾地区实际控制海域的行为,由公安边防机关对船舶所有人或者负责人及其直接责任人员进行行政处罚。

在我国,由于历来强调政治结构的"单一制"属性和统一国家政治权力集中行使的重要性,因此在纵向政府间关系上始终要求做到"有机整体、上下衔接、政令统一",这就必然使得不同层级政府之间在事权划分问题上没有办法很好地做到有效分工,更遑论分权了。① 从中央到地方各级政府"上下一般粗"的状况至今仍然是我国政府系统的一个主要特征,它进一步巩固和强化了我国不同层级政府间"上下级关系"的实质,并使得"下级政府"在行事方式上带有强烈的"上级政府"派出机构的色彩。这样一种体制结构对于中央政府来说,自然是有利于维护其权威,理论上可以确保政策意图以"一竿子插到底"的方式来实现;但是,对于各级地方政府来说,"职责同构"的模式在现实中导致"地方全能"和"地方无能"这两种无效率的制度后果同时并存。

"地方全能"意味着在我国的行政法律架构中,几乎没有严格

---

① 一个立法领域的实例是,我国各地的地方立法在文本上会有相当一部分的内容是对中央立法的重复,甚至是直接的复制。参见汤善鹏、严海良:《地方立法不必要重复的认定与应对——以七个地方固废法规文本为例》,《法制与社会发展》2014 年第 4 期,第 156—170 页。

的"中央事权"和"地方事权"的划分，地方各层级政府之间更没有明显的职责范围划分，可以说举国范围内，几乎所有的事情都是中央的事情，另一方面，几乎所有的事情也都是地方的事情。所以我们会常常发现，在我们这个国度里，哪怕是县委书记、乡镇书记，甚至是村支书都会对国际形势和国计民生的"大事"了然于胸（很多时候人们还以此来分辨基层干部的水平高低），而国家最高决策者也常常会对社区管理、农村养老、棚户区改造等"小事"亲自过问（很多时候人们还以此来分辨中枢领导人物的亲民程度）。这样一种职权行使的错配其实会导致政府运作效率最优化的目标难以实现。对于各级地方政府来说，其负担的事权过于庞杂和宽泛（前文所举的海南省通过地方立法来强化对国家海洋主权的维护就是典型的例子），没有将本来就十分有限的资源投入到有最大产出可能的领域，以至于做得越多，做得越低效，什么都抓，什么都抓不好。"职责同构"其实是一种便利把责任和压力一层一层往下转移的机制（现实中，中央政府部门会把地方政府的对口部门称作"腿子"，即可以用来差使为自己办事的意思），而且愈是基层政府，愈是任务繁重。例如在乡镇一级，一方面要完成本级公共事务，另一方面还要接受县级党委政府下达的各项任务，一年中有几十项工作：农业开发、植树造林、水利工程、提留结算、打更放哨、计划生育、党员培训、社会救济、殡葬改革、卫生运动、普及教育、乡镇企业、招商引资、文明创建、村镇建设、春节慰问、抗旱排涝、修路架桥、统计年报、征兵和民兵训练等。而乡镇一级政府本身的人员规模和财力就十分有限，作为最基层的政权，其本身已经要应付各类日常事务,而在"职责同构"的机制下,乡镇一级的政府官员常常还要为了完成"上级"政府交办的事项而疲于奔命,因此就有了长期以来"上面千条线,下面一根针"的形象说法。①

与"地方全能"伴生的一个现象就是"地方无能",这不仅是指地方各级政府因为承担过于繁杂的事权任务而导致工作效率的损失,更是指在中央几乎垄断了一切事项的最终决策权力的情况下,地方政府的工作开展因而往往会被处处掣肘。"条条"与"块块"的矛盾始终贯穿于我国政府体制的运行的全过程,其中争夺的不仅是财力的获取(例如某个税种的收入如何在中央和地方之间分配),更有关键事项的决策权,无论于"公"(向市场经济转型的运行过程中特定政府部门的话语权和影响力)还是于"私"(政府官员个体设租和寻租的可能空间),这都是锱铢必较的"领地"。缺乏了法律层面对纵向政府间事权分配关系的明晰界定,地方的相对独立自主权力也就完全没有保障了,某一层级政府的决策始终要面临被"上级"政府否决的风险,因而在实践中地方政府会利用信息优势,在一些诸如投资项目审批和土地审批的事项上,通过"化整为零"的方式来规避中央政府的严格辖制。"职责同构"的体制把地方塑造成为中央的"分公司",让"下级政府"看起来像是"上级政府"的派出机构。在中国这样一个地域广阔、人口众多、区域条件千差万别的国家里,实际要运作好其实是很困难的。这种情况所导致的"地方无能"意味着大量的财政资源被白白浪费,政府体系

①　参见马跃:《宏观工作体制和乡镇应对策略——对"上面千条线,下面一根针"的解读》,《经济社会体制比较》2011 年第 2 期。

运作的效率必然受到严重影响。

从更加宽泛的角度来分析，"职责同构"的政府间关系模式会不断强化"下级"政府官员"对上负责"的政绩观，即由于每一个层级的政府官员（除了中枢的最高决策者之外）都能在其"上级"政府或部门中找到对应的"上司"，因此其工作绩效的考察和评价结果很大程度上就取决于"上级"政府或部门的看法，因此在日常工作中，政府官员会不自觉地去迎合或取悦"上级"的想法和意图，而不是首先去考量本地居民的需要。可以说，这样的一种官员评价和提拔机制是由中国当下的一切权力汇集于中枢的政治结构所决定的，而"职责同构"的政府间关系模式恰恰是这种政治结构的具体反映，并且不断强化了"对上负责"的官员行为方式，以上级政府的偏好替代当地公众的偏好。30多年来的中国改革实践证明了一定程度的政治集权与经济上的分权安排相结合是促进地方竞争，从而推动经济发展的一个重要原因，①但我们也要考虑到，地方竞争有两个可能朝向，②一个朝向是"力争上游"（race to the top），比如推行强化产权保护、放宽准入门槛、改善投资环境等措施，而另一个朝向就是"力争下游"（race to the bottom），明显的表现就是地方政府在不断向中央争取"有利可图"的审批权限和政策优惠的同时，却忽视对教育、医疗、社会保障等没有即期回报的公共服务的投入。

---

① Oliver Blanchard & Andrei Shleifer, "Federalism with and without Political Centralization: China versus Russia", IMF Staff papers, No. 48, 2001.

② 参见白重恩、杜颖娟、陶志刚、仝月婷：《地方保护主义及产业地区集中度的决定因素和变动趋势》，《经济研究》2004年第4期；Young, A., "The Razor's Edge: Distortions and Incremental Reform in the People's Republic of China", *Quarterly Journal of Economics*, 115(4), 2000。

2.3　周期性的"收权"与"放权"

我国政府间关系的一大特征就是：在缺乏稳定的、可预期的法治运行框架的前提下，各项审批性权力呈现出周期性地"上收"或者"下放"的循环态势。换句话说，各级政府之间在法律上没有明确的权力归属划分和界定，"上级"政府可以随意地基于一时一地的政策需要而把相关的权力"上收"或者"下放"。在这种情况下，我们就很难说哪一项事权是专属于地方政府的，因为中央政府可以进行权力的"上收"；也很难说哪一项事权是专属于中央政府的，因为地方政府也可以获得"下放"的权力。在这个过程中，法律上的分权是不存在的，而只有政策性的"放权"或"收权"。

在投资项目的审批权限问题上，伴随着中国向市场化方向改革的推进，总体的态势是逐步给予地方更多的自主权力，中央不再（也没有能力）大包大揽。但是，不同行业的"放权"是有比较大的差别的。在 20 世纪 80 年代，地方政府力主推动的主要是各类"短、平、快"的加工工业，这是因为当时中央的"放权"范围还十分有限；而到了 90 年代，交通、能源、通信等产业成为地方政府密集投资的领域，其中的一个重要原因就在于中央对于投资项目审批权限下放范围的扩大。

在外商投资领域，除了涉及所谓"国家安全审查"和"反垄断审查"的事项之外，审批权限的总体"下放"趋势亦是如此。例如，

2010 年国务院发布了《关于进一步做好利用外资工作的若干意见》①，这是改革开放以来对外商投资审批权限下放幅度最大的一次，具体包括：对地方政府的权限从鼓励类、允许类 1 亿美元提高到 3 亿美元；除非法律法规明确规定由国务院有关部门审批外，国务院各部委可将本部门负责的审批事项下放给地方政府审批，金融和电信行业之外的服务业领域中外商投资企业的设立由地方政府行使审批权力。

然而，回顾改革开放之后中国经济发展的历史，尽管在"市场化"和"去中央政府经济集权化"的背景下，地方享有了更多的经济决策权力，中央与地方之间形式上的"分权"色彩愈发浓重，但是这种权力的分享并非建立在制度化和法律化的基础之上，因而也就带有了极大的不确定性和随意性。事实上，这种建立在央地之间非平等关系基础之上的所谓"分权"会表现为"放权"和"收权"的周期性交替。

这样的"放权"与"收权"的交替往往与经济发展的周期具有高度的关联性，在特定时期，中央政府会通过审批权力的收紧来抑制某些所谓的"产能过剩"行业。2009 年《国务院批转发展改革委等部门关于抑制部分行业产能过剩和重复建设引导产业健康发展若干意见的通知》②将钢铁、水泥、平板玻璃、煤化工、多晶硅、风电设备六个行业确定为调控和引导的重点，其中的具体措施就包括控制地方政府对这些行业投资的审批权力。同年，工业与信息化部

---

① 国发 2010[9]号。
② 国发 2009[38]号。

发布的《关于抑制产能过剩和重复建设,引导水泥产业健康发展的指导意见》①通过"以省为单位做好地区水泥产需总量平衡"的行政管制措施来实现对地方审批水泥行业投资的"收权";工业和信息化部等国务院各部委联合发布的《关于遏制电解铝行业产能过剩和重复建设引导产业健康发展的紧急通知》②则要求"各地要立即叫停拟建电解铝项目"以及"取消地方出台的各项优惠政策";而《国家发展改革委办公厅关于水泥、平板玻璃建设项目清理工作有关问题的通知》③则不仅"上收"了地方的审批权限,要求"对所有拟建的水泥、平板玻璃项目各省、区、市一律不得核准或备案",并且通过规定"对各省市自治区已核准未开工的水泥项目、已备案未开工的平板玻璃项目,一律不得开工建设。确有必要建设的项目,须经我委组织论证和核准",从而对地方的行政审批权力进行了溯及既往式的"上收"。

　　在土地管理政策方面,情况也是类似的。例如,《中华人民共和国土地管理法》第四十五条只规定了三种情况(基本农田、基本农田以外的耕地超过 35 公顷以及其他土地超过 70 公顷)下,农地的征收④才需经由国务院审批,其他情况下则由省、自治区、直辖市人民政府批准并报国务院备案。2004 年 4 月,国务院办公厅下发了《关于深入开展土地市场治理整顿严格土地管理的紧急通知》⑤,

---

　　①　工信部原〔2009〕575 号。
　　②　工信部联原〔2011〕177 号。
　　③　发改办产业〔2009〕2351 号。
　　④　1986 年制定的《中华人民共和国土地管理法》使用"土地征用"这一概念,一直到 2004 年 8 月其修正案将"土地征用"改称为"土地征收"。
　　⑤　国办发明电〔2004〕20 号。

决定"治理整顿期间，全国暂停审批农用地转非农建设用地；治理整顿结束后，对因检查和整改不力，经验收不合格的地方，报经国务院同意后，继续暂停审批农用地转非农建设用地，直至达到规定的整改要求"。而国土资源部和国家发改委紧接着于6月发布的《关于在深入开展土地市场治理整顿期间严格建设用地审批管理的实施意见》基于上述紧急通知进一步明确"省级国土资源部门暂停办理应报省级人民政府批准的农用地转用；授权审批农用地转用的市、州人民政府国土资源部门暂停办理应报市、州人民政府批准的农用地转用"。可以说，上述这两份"红头文件"实际上变更了《中华人民共和国土地管理法》关于国务院和地方各级政府之间对土地审批权力分配的规定。

在我国，中央与地方事权关系中的"收权"与"放权"循环还经常性地反映在开发区设立的审批权限上，甚至在某些时候它成为政府间"紧张"关系的一个集中写照，而过往由中央政府颁发的相关政策性文件无一不是把政府间纵向权力的再分配当作宏观经济政策目标实现的重要"法宝"。例如，1993年《国务院关于严格审批和认真清理各类开发区的通知》①在其第一条和第二条就规定了"设立各类开发区，实行国务院和省、自治区、直辖市人民政府两级审批制度。省、自治区、直辖市以下各级人民政府不得审批设立各类开发区"以及"设立经济技术开发、保税区、高新技术产业开发区、国家旅游度假区、边境经济合作区的审批权在国务院"。而

---

① 国发〔1993〕33号。

2003 年《国务院关于暂停审批各类开发区的通知》①更是完全取消了地方政府的审批权,宣布"自本通知下发之日起,各省、自治区、直辖市人民政府和国务院有关部门,一律暂停审批新设立和扩建各类开发区,包括经济技术开发区、高新技术产业开发区、旅游度假区、商贸开发区、工业园、创业园、软件园、环保产业园和物流产业园等各级各类开发区(园区)。国家级开发区确需扩建的,须报国务院审批"。显然,对于中央政府来说,限制甚至剥夺地方政府对开发区设立的审批权是其进行宏观经济管理的重要手段,但是显然这一手段的实施并不是通过法律机制,而是通过"上下级"之间的行政命令和政治责任追究机制来实现的。

总的来说,过去 30 余年间,在各类内外资投融资项目以及与之相关的土地管理和开发区设立审批权力的划分问题上,我国中央与地方的事权关系既呈现出总体上权力不断"下放"的大趋势,但又时常表现出因为中央"收权"措施而导致的"胶着"状态;换句话说,央地关系在这个层面是极度缺乏稳定性的:为了抑制投资增长、防止经济过热,中央会趋向于"收权",但为了激励地方政府发展当地经济,"放权"又是必不可少的。正是在这一过程中,形成了"收权"与"放权"的周期性循环,而"一收就死、一放就乱"的痼疾始终没有得到很好的解决。

究其背后原因,缺乏制度化和法律化的中央与地方事权关系界定是不可回避的因素。什么时候"收","收"多少;什么时候

---

① 国办发明电[2003]30 号。

"放"，"放"多少？这些问题都取决于中央决策部门甚至是少数人的单方面主观判断乃至臆断、擅断，以至于把个别人的判断凌驾于市场的判断之上，"为民做主"的计划思维卷土重来；对此，社会公众无法形成稳定的政策预期，这等于助长了各种短期行为；再加上行政手段往往会造成过度的"收"或者过度的"放"，过于刚性的"一刀切"措施（例如一律停止审批某些类型的项目）容易形成矫枉过正的结果，不仅不能"熨平"经济周期，反而导致周期性经济波动幅度的扩大；而政策的具体实施过程中，又时常出现"所有制歧视"等不公平待遇问题。

此外，在近期还值得关注的一个现象是，行政审批权力的特殊"下放"方式由于游离于既有的制度框架之外，因而很容易导致与既有的法律规则无法衔接。一个典型的表现就是某些地区因为获得"政策优惠"，而导致其实际享有的审批权限"超越"了其在现有体制内固有的"行政级别"。例如，在 2013 年 2 月国务院批复《浙江舟山群岛新区发展规划》之后，舟山市实际上获得了某些正省级的行政管理权限；而此前三亚市政府在 2010 年专门发文，决定授予海棠湾管委会在海棠湾区域内行使某些市一级的行政审批权限。[①]"简政放权"固然是市场经济改革的必然方向，但在不变更既有的央地关系模式的条件下，通过"提升"某些地区的审批权限"级别"来实现"放权"的做法可能会带来不少涉及行政监督制度或司法审查机制的"法律后遗症"。

---

① 参见《三亚市人民政府关于授予海棠湾管委会市一级行政审批权限的决定》（三府[2010]110 号）。

第 3 章

我国政府间事权关系
现实表现的理论解释

　　在我国财政体制框架内的事权与财力不匹配格局并非一种人为刻意设计的结果，而是由一系列政治、经济、社会和历史的原因所共同造就的制度"均衡"状态。因此，若要解决这一失衡问题，期待将中央与地方之间的事权分配关系纳入法治轨道，就必须先清楚地了解现实制度背后的各种促成性因素，否则就很容易陷入"纸上建构"法律条文的窘境。具体来说，当下我国央地事权分配关系的成因可以从三个维度来解释，分别是：基于历史因素的计划经济体制影响、基于经济因素的宏观调控手段以及基于政治因素的官员行为激励。以下分别阐释之。

3.1　作为制度变迁起点的计划体制

　　一个显而易见的事实是，当代中国市场经济体制的形成并非哈耶克所描述的那种自发秩序（spontaneous order）[①]的结果，而是

---

　　① 参见 F.A. Hayek，*The Constitution of Liberty*，University of Chicago Press，1960。

在计划经济体制的基础上，人为地导向市场经济体制的过程。因此，这一变革路径就决定了任何时候我们要分析现实制度的结构和内容，都不能忽略制度变迁的起点以及由此引致的路径依赖（path dependence）问题。①

简单地说，在计划经济体制下，我们可以把整个中国看作一个"大公司"②，整个"公司"的运作是基于自上而下的行政命令；在这个体系中，所谓中央与地方之间的关系在某种程度上就可以看成是这个"大公司"内部的纵向职能划分，中央是"总公司"，地方是"分公司"以及"孙公司"；"总公司"、"分公司"与"孙公司"之间完全是一种科层间的隶属关系，"下级公司"的权限完全来自于"上级公司"的授予，而且这种授权是可以随时、随意增减的。回顾制度变迁的这一起始点，我们可以说，在那个时候，完全不存在所谓的中央与地方之间的分权观念，地方被看作是中央在空间和职能上的延伸，地方百分之百听命于中央被视为天经地义（尽管实际状况并不一定是这样），至少是不会承认除了举国利益之外的地方个别利益的存在，因而所谓的中央事权与地方事权的区分实际上也是不存在的，有的只是中央根据彼时的政治或经济利益需要而授权给地方某些行事空间的相机抉择做法。③ 在法律制度层面，虽然现行

---

① Douglas North, *Institutions*, *Institutional Change and Economic Performance*, Cambridge University Press, 1990, p. 100.

② 周其仁：《中国经济增长的基础》（北京论坛 2009 主旨报告），http://pkunews.pku.edu.cn/xwzh/2009 - 11/07/content_161728.htm。

③ 一个有意思的现象是，在我国的政治生活中，"中央"并非是一个与"地方"相对应的概念，而是一个包含了"地方"，甚至高于"全国"的政治定位。例如，已经召开了 21 次的"全国统战工作会议"在 2015 年更名为"中央统战工作会议"，这被认为是会议层次的提升。参见《全国统战工作会议名称首次升格为中央统战工作会议》，http://www.thepaper.cn/newsDetail_forward_1333340。

《中华人民共和国宪法》仅对中央的权力行使作了"中央统一领导"这样的原则性规定,而对中央如何领导的问题则没有明确的规定,因此"中央统一领导"这一宪法规定就转换为一个权力行使实践的问题。[①]

考虑了这一制度变迁的起点,我们就能理解,为何时至今日,现代财政法治理念下的中央与地方之间的"分权观念"依然很难植入中国的政治经济体制中,根深蒂固的央地之间上下级关系的认同也未能被打破。30 余年的改革过程中,我们固然可以看到,经济领域中实际上有着越来越多的地方分权,但是政治结构的高度集中化态势(而且几乎看不到弱化的趋势)使得这种经济上的分权处于非常不稳定的状态之中,这就构成了中央与地方事权关系法治化的最大障碍,因为法律制度所要求的纵向权力边界清晰划定与高度政治集权所隐含的"中央决定一切"的准则是根本冲突的,这导致了中央与地方关系呈现出随意"收权"与"放权"的交替发生以及纵向政府之间非公开游说与讨价还价的常态化。

作为制度变迁起点的计划经济体制也是造成如今中国纵向政府之间"职责同构"现象产生的一大成因。具体来说,这主要源自计划经济体制下中央既要集中掌握社会资源,又要支持地方自主发展来限制部门集权。这一模式,既不同于西方国家的"职责异构",也不同于苏联高度的中央集权。这一模式,既为计划经济体制下地方对抗部门集权提供了合法性,同时也是改革后国家能够

---

① 参见徐清飞:《我国中央与地方权力配置基本理论探究——以对权力属性的分析为起点》,《法制与社会发展》2012 年第 3 期。

平稳地走向市场经济的重要体制原因。与苏联相比，职责同构模式有助于在一定程度上调动地方积极性，减少计划经济体制的效率损失，同时也比较"方便"从计划向市场过渡的制度变迁，避免了改革过程中地方和部门的过度分散。① 也就是说，改革初期的"职责同构"格局有效地促成了地方分权在经济上的实现，通过做大"块块"来限制"条条"的干预，为市场化改革（尤其是各种区域性的试验）提供了足够的制度空间；然而，当这样一种"职责同构"因其历史合理性而被固化之后，其弊端的暴露也就越来越充分，正是在这种背景下，由上至下的支出责任下放就有了越来越强的制度基础，尤其在分税制改革之后，伴随着地方财力的上收，却是支出责任的逐级下放。这时，"职责同构"的负面效应体现就十分明显了。

从市场本身的发育程度和市场主体的特性来看，作为改革路径起点的计划经济体制也仍然彰显着其"威力"。以金融体系为例，考虑到资金本身易于流动的属性，金融市场很自然地就是一个典型意义上的全国性要素市场，地方政府照理说不会在金融市场监管领域享有比较多的事权（几乎在所有的成熟市场经济体中，金融市场的监管权力都被界定为中央事权）。但是，我国的各级地方政府在金融话题上从来就不是袖手旁观的，相反却是始终保持着积极介入的状态。例如，作为地方金融协调机构的各省市金融服务办（在某些省市，金融服务办还扮演了地方金融机构出

---

① 朱光磊、张志红：《"职责同构"批判》，《北京大学学报（哲学社会科学版）》2005 年第 1 期。

资人的角色)已经成为我国金融体系中不可忽视的一股力量。其中一方面的原因自然是为了争夺有限的资源,希望把全国性金融市场上所聚集的资金更多地引入本地,为本地的企业和经济发展所服务(金融体系中浓厚的计划色彩为地方政府的这种愿望实现提供了可能性)。所以我们可以看到在 1997 年之前上海证券交易所和深圳证券交易所都是隶属于地方政府的①,而 1998 年中国人民银行的"大区制"改革②所针对的就是地方政府干预国有银行贷款投向的做法,而如今的集中表现则是各地争做国际的、全国的或者至少是区域的金融中心,地方政府在这个过程中倾注了极大的热情,出台了大量的地方性政策(其中包括获得中央许可的政策,也有僭越既有法律的地方"土政策",例如设立各类金融产品的交易场所)。另一方面,由于大量的金融机构在产权性质上属于地方国资所有或者控股,那么自然而然地,地方政府就对其具有了一定的主导权,这一点在金融机构的并购活动中表现得尤为明显。而当金融机构出现经营失败而危及金融债权人利益时,我国历来的做法也是赋予地方政府一定的"守土有责"要求。例如,2004 年中国人民银行等四部委联合制定并发布的《个人债权及客户证券交易结算资金收购意见》规定了,收购个人储蓄存款和客户证券交

---

① 1997 年 7 月 2 日国务院办公厅发文,将沪深两大证券交易所划归中国证监会直接管理,并规定交易所的总经理和副总经理由中国证监会任命。参见《国务院办公厅关于将上海证券交易所和深圳证券交易所划归中国证监会直接管理的通知》(国办函[1997]39 号)。

② 1998 年 11 月,我国对中国人民银行管理体制实行改革,其省级分行被撤销,设置了九家跨省(自治区、直辖市)的大区分行,同时成立中国人民银行系统党委,对党的关系实行垂直领导,对干部实行垂直管理。

易结算资金的款项全部由中央政府负责,但是收购其他个人债权①的资金由中央政府负责90％,其余10％则由金融机构总部、分支机构、营业网点所在地省级政府分别负责筹集。而在金融体系成熟的国家里,由地方政府出面为经营失败的金融机构"埋单"的情形是几乎不可能找到的。

由此观之,尽管当下中国经济的市场化改革已经走过了30余年的路程,但是作为制度变迁起点的计划经济体制仍然是我们"走不出的背影",路径依赖的现象处处可见。在计划的土壤中培育市场体系导致了央地之间关于事权划分的法律化界定始终面临各种现实的困境和阻碍,支出责任的逐级下放、随意的"收权"与"放权"、"职责同构"等当下的现象都折射出那并不算十分遥远过去的制度的影子。

3.2 中国式的宏观调控

现代国家的一项重要职能就是实施反周期的干预政策来"熨平"宏观经济的波动。在这个过程中,财政政策和货币政策的实施是最主要的手段。理论上来说,在市场统一的国家内部,财政政策与货币政策的实施自然是属于中央事权:财政支出的扩张或缩减,

---

① 根据该收购意见,其他个人债权包括:居民个人持有的金融机构发行的各类债权凭证;居民个人委托金融机构运营的财产,即委托财产,包括委托理财(含三方监管委托理财、委托租赁等形式)、信托(含集合信托);居民个人持有的存放于金融机构相关账户上的被金融机构挪用的有价证券(含国债、股票、其他债券)形成的对金融机构的个人债权。

银根的紧缩或放松,这些事项的决定和实施都由负责宏观经济管理的中央部门来完成;原则上,对于一个市场化程度较高的国家来说,在宏观经济干预这一问题上,中央与地方之间的关系其实非常简单,在法律上的界分也是十分清晰的,地方政府几乎不享有或承担任何调控经济运行周期的权限或职责。

然而,在我国当下的发展阶段,在国家对宏观经济进行干预(在我国经常被称为"宏观调控")这一问题上,却表现出极具鲜明的"中国特色"的一面,以至于中央与地方的事权关系成为对我国的宏观调控问题进行体制性分析的一个重要核心内容。

一方面,在我国的法律框架内,货币政策和财政政策被明确地界定为中央部门所独占的事权。例如,《中华人民共和国中国人民银行法》将货币政策的制定和执行权力排他性地授予了作为国务院部委之一的中国人民银行,其第四条规定了中国人民银行履行依法制定和执行货币政策的职责,在此基础上,该部法律第七条和第三十条分别明确了"中国人民银行在国务院领导下依法独立执行货币政策,履行职责,开展业务,不受地方政府、各级政府部门、社会团体和个人的干涉"以及"中国人民银行不得向地方政府、各级政府部门提供贷款,不得向非银行金融机构以及其他单位和个人提供贷款,但国务院决定中国人民银行可以向特定的非银行金融机构提供贷款的除外"。而修订之前的《中华人民共和国预算法》第二十八条所规定的"地方各级预算按照量入为出、收支平衡的原则编制,不列赤字"以及"除法律和国务院另有规定外,地方政府不得发行地方政府债券"就意味着通过发行国债来实施扩张性财政政策的做法在以往属于中央专有的事权范畴，地方政府是无权比照实施的（至少法律文本上是这么要求的）。

但是，在另一方面，我国的宏观调控工作似乎从来就远远不只是经济学教科书上的财政政策加上货币政策。一个通俗的说法是，在我国，宏观调控不仅是要调"银根"，还要调"地根"和"钢根"。具体来说，就是中央政府会希望通过控制土地供给和诸如钢铁、电解铝、水泥等重要物资的产能来实现对宏观经济运行态势的干预。究其原因，除了源于市场体系的发育不完善所导致的常规性财政政策和货币政策的效果有限之外，地方政府所主导的投资行为也是加剧经济周期性波动的重要因素。因为地方政府的行为是非市场化的，其对投资规模的追求往往超出了对投资效益的考量，所以市场化的财政政策和货币政策可能并不能起到很好的作用。因此，对宏观调控工作负有最终政治责任的中央政府往往希望在经济"过热"阶段通过抑制重大投资项目的上马或者约束土地的出让和使用，以行政手段和方式来达到立竿见影的政策干预效果。例如，市场机制无法解决当前地方政府的政绩工程、形象工程、城市建设盲目铺摊子问题，而土地供应政策却对其有直接的效果。[①] 正因为如此，作为中国特殊历史阶段的独有现象，土地政策参与宏观调控所具有的行政性、管制性特征使得现阶段中国发展呈现出"地根经济"的态势。[②]

---

① 参见卢为民：《土地政策与宏观调控》，经济科学出版社 2008 年版，第 33 页。

② 参见靳相木：《地根经济：一个研究范式及其对土地宏观调控的初步应用》，浙江大学出版社 2007 年版。

同财政政策、货币政策这些典型的以管理社会总需求为目标的"宏观"经济政策相比较,土地政策、产业投资政策、市场准入政策等干预手段虽也被冠以"宏观调控"之名,但实质上皆是"微观调控"之举,即通过政府直接干预微观企业的投资行为来实现经济政策目标。所以,在这个过程中,就不再是像财政政策和货币政策的制定和实施那样,由中央来全权负责决策和执行即可,而是必然会牵涉中央对地方的"放权"与"收权"问题。因此我们就会看到一旦中央政府判断经济出现过热的情形,决定启动"宏观调控"政策,那么它就会在微观层面收紧地方政府在土地供应和重大项目审批方面的事权。例如,前文提及的关于控制"产能过剩"行业投资、整顿土地管理、清理开发区等内容的政策文件均包含了对地方政府进行"收权"的内容。在这一背景下,我们就可以理解为什么我国中央与地方之间的事权分配关系在很多方面会呈现出周期性的特点,而这一点恰恰是与央地事权关系法治化所要求的确定性相背道而驰的。

当然,这样的一种指向某一特定生产要素、行业甚至企业的"微观调控"措施的普遍性使用构成了我国央地事权关系法治化的重大障碍。其本质的矛盾在于,对宏观经济进行反周期的干预是一种具有高度政策属性的相机抉择,因此法律明确界定由中央政府独占财政政策和货币政策的事权既可以确保政策实施的全国统一性,又可以避免中央与地方之间因为利益取向的不同而影响经济运行的效率;然而,一旦广泛纳入各种微观层面的干预措施,因为中央与地方这两者的政策最大化目标不尽相同(前者追求的是全国的宏观经济稳定，后者则是要促进本地区的经济发展和就业），那就必然牵涉中央与地方事权划分的问题，这就会引发特定时间阶段的宏观政策性考量与长期的央地事权关系法治化要求之间的内在紧张关系。

实际上，我国历次的"宏观调控"（尤其是运动式的"宏观调控"）都会或多或少地激化央地之间的矛盾，而为了防止地方政府为了"抵抗"中央的"收权"而采取"上有政策、下有对策"式的做法，中央政府往往会利用我国集权式的体制结构来强化央地之间的政治隶属关系，相应地这就使得央地之间关系的法律属性变得越来越孱弱了。最典型的例子就是 2004 年的"铁本事件"：为了遏制钢铁行业的"盲目投资"，国务院派出由发展改革委、监察部牵头，国土资源部、中国人民银行、环保总局、工商总局、税务总局、审计署、银监会等 9 部委组成的国务院专项检查组对江苏常州铁本项目进行专项检查。这一被《人民日报》社论定性为"维护宏观调控政令畅通的重要举措"①的事件集中反映了我国央地关系的超越法律属性，而背后的原因就在于至今未退场的"中国式宏观调控"。

3.3　政治体系中的官员激励机制

中央与地方之间在事权问题上的博弈还集中反映了这两者在利益取向上的差异，而这种差异的形成其实是既定政治体系下的一种理性应对。对于地方政府的官员来说，在当下的"政治集权、经济分权"的

---

①　参见《坚决维护宏观调控政令畅通》，《人民日报》2004 年 4 月 29 日。

政治结构下,他成为政治锦标赛①中的参赛"运动员";为了在职位升迁的竞赛中胜出,他必须向掌管人事大权的中央(可以看作是政治锦标赛的"裁判员")展现其治理地方经济的能力,而在信息不对称的前提下,这样的一种治理能力的展现十分依赖特定的政绩传递信号。

经济学的实证研究表明,我国省级官员的升迁概率与省区GDP 的增长率呈现显著的正相关关系,并且中央在考核地方官员的绩效时会把现任官员的升迁概率与其前任和邻近省份官员的绩效挂钩。② 在这样的一种锦标赛游戏规则下,地方官员的行为自然一切以 GDP 增长率数据为指针,因此其对特定事权的态度要取决于由此带来的政绩传递信号功能的强弱。

所以我们可以看到,对于那些政绩传递信号功能较弱的事权,地方政府官员的态度是比较排斥的,最典型的就是涉及各项公共服务的支出责任,因而也就出现了"支出责任层层下放"的普遍现象。相反,对于那些有助于地方 GDP 数据增长的事权,地方官员自然是持积极争取的态度,例如希望在重大工程项目审批以及与之相关的环保评估方面有更大的自主权。③ 事实上,地方政府所欢迎的中央"放权"其实指向的是这些审批性权力的下放,而不是欢迎中央把那些不

① 周黎安:《晋升博弈中政府官员的激励与合作——兼论我国地方保护主义和重复建设问题长期存在的原因》,《经济研究》2004 年第 6 期。

② Hongbin Li & Li-an Zhou, "Political Turnover and Economic Performance: The Incentive Role of Personnel Control in China", *Journal of Public Economics* 89, 2005;周黎安、李宏彬、陈烨:《相对绩效考核:中国地方官员晋升机制的一项经验研究》,《经济学报》2005 年第 1 卷第 1 辑。

③ 这也就可以解释为什么北京可以举办一届盛大的奥运会,但却会因为排涝设施的不足而导致市民被雨水淹死,因为前者是"地上"的、"可见"的政绩,而后者是"地下"的、"隐形"的政绩。

能带来当期收益的支出责任下放给地方。这也是为什么在几乎所有的地区性扶持政策中，都会有关于中央下放部分审批权限，让部分地区享有更多自主权力的内容。这样的一种对特定事权的争取其实就是政治锦标赛竞争的一个局部写照。

现实中，央地事权关系之所以会呈现出"收权"与"放权"的频繁交替，这其实也反映了我国政治体系中的一个周期性现象。地方官员的集中换届导致了"新官上任三把火"的效应，他们在上任伊始会"大兴土木"，推动各种投资项目和工程上马，而这就会引发中央对于重复建设和经济过热的担忧，进而祭出"收权"的法宝，抑制地方官员的投资冲动。经济学实证研究表明，在中国，官员的任期与经济增长的关系表现为倒 U 字型的特征，这意味着官员在某一职位上的任职时间过长或者当面临年龄限制而即将终结任期的时候，他会改变目标函数和决策方式，弱化激励水平。[①] 也正因为如此，官员任期限制和异地交流制度对经济增长来说可以起到正面推动作用。[②] 而这一点，正是当下中国政治结构中越来越强调的不成文制度。从正面来讲，现实的政治体制有效地激励了地方官员促进当地经济的发展；但是，在法治化程度不高的条件下，这同时也造成了在事权问题上，无法形成基于法律规定的央地分权模式，而是进一步强化了行政性放权和收权机制。

---

① 张军、高远：《改革以来中国的官员任期、异地交流与经济增长——来自省级数据的经验》，《经济研究》2007 年第 11 期。

② 参见刘瑞明、白永秀：《晋升激励、宏观调控与经济周期：一个政治经济学框架》，《南开经济研究》2007 年第 5 期；张军、高远：《改革以来中国的官员任期、异地交流与经济增长——来自省级数据的经验》，《经济研究》2007 年第 11 期；王贤彬、徐现祥、舒元：《地方官员与经济增长——来自中国省长、省委书记交流的证据》，《经济研究》2007 年第 9 期。

从更长的周期来看,影响中央与地方官员行为的政治性因素则是中央政府的公共政策目标变化。自改革开放以来,当"以经济建设为中心"和"发展是硬道理"作为举国最高目标之时,地方政府官员需要向中央显现的政绩就是 GDP 增长率,因此在事权分配关系上,他会倾向于尽量多保留行政审批性事权的同时,尽量少负担财政支出责任,但是地方政府的这一愿望却因为要时常面对中央政府下放支出责任的做法而无法实现,被迫为中央的"请客"来"埋单"。

这种局面在 2002—2003 年间开始发生改变,因为自那时起中央政府的政策目标出现了明显的转变,"科学发展观"以及"和谐社会"的提出一定程度上改变了官员的激励。央地事权关系在支出责任方面表现出明显的上收趋势,即中央政府愿意承担较之以往更多的在教育、卫生、社会保障方面的财政义务,这一定程度上缓解了地方政府尤其是基层政府的财政压力。除了前文已经提及的我国基础教育领域的变化之外,我们还可以参考法院系统财政经费负担分配情况的例子。由于 2007 年颁行的《诉讼费用交纳办法》大幅度降低了诉讼费用的收取,中级和基层人民法院受理的案件数量激增,法院审判工作的经费需求不断增长,法院"案多钱少"的矛盾愈加凸显,在这一背景下,中央财政从当年开始,每年安排一定数额的专项资金,专门用于补助因诉讼收费制度改革给地方法院带来的经费困难和帮助地方建立人民法院经费保障长效机制。[1] 而在 2009 年 7 月,中共中央办公厅、国务院办公厅联合下发

①　参见《中央财政补助地方法院 30 亿元　法院经费保障将收支脱钩》,http://www.legaldaily.com.cn/bm/content/2007 - 09/20/content_704972.htm?node＝5。

《关于加强政法经费保障工作的意见》，明确提出把能够使诉讼收费与法院各项支出"脱钩"的经费全额保障作为进一步改革的目标，这一思路的重点在于切断诉讼收费与法院必要支出之间的联系，力图使所有法院的经费都能够从财政获得全额保障。[①] 而要实现这一目标，其实就意味着中央与地方在司法事权关系上完成重大制度性调整，不再把最高人民法院之外的各级法院经费支出视为纯粹的地方事权。

不过，我们同时也应当意识到，国家的宏观政策目标本身是带有不稳定因素，具有多变性的：在中央财政较为宽裕的前提下，由其承担较多支出责任似乎并不是难事，也是理所当然的；而一旦遭遇宏观经济景气状况的重大变化，由于我国央地事权关系尚未进入法治化、规则化的轨道，各级政府之间的纵向分权就会受到诸多非制度性因素的影响，进而有可能使得已经实施的改革举措不得不面临倒退的风险。

---

① 王亚新：《司法成本与司法效率——中国法院的财政保障与法官激励》，《法学家》2010 年第 4 期。

第 4 章

我国政府间事权关系
法治化的路径展望

在当下推进改革的过程中,一个广泛的共识是:推进各级政府事权规范化、法律化,这是推进国家治理体系和治理能力现代化的必然选择。[①] 而要把这一句口号落实为具有可操作性的制度安排,则需要我们同时在多个维度上推动政府间事权关系法治化程度的提升。

在最基础也是最技术的层面上,我们有必要在未来的法律规则中对政府所提供的公共产品进行性质上的分类,清楚地界分"地方性公共产品""全国性公共产品"和"混合性公共产品",进而来明确"地方事权""中央事权"和"混合事权"。其次,则应当在法律上确立"地方自治"的原则和观念,淡化高度行政化的央地关系架构中所特别强调的"上位法"和"下位法"概念。最后,则应当通过完善财政转移支付法律制度,以保障地方财力与支出责任相匹配,如

---

① 楼继伟:《推进各级政府事权规范化法律化》,《人民日报》2014 年 12 月 1 日,第 7 版。

此才能确保法律化、制度化的事权分配机制得以平稳运行。

4.1 在法律层面上对事权进行分类

要实现"明确事权"这一宏观改革目标,推动政府间事权分配关系的法治化,从技术层面上来讲,首先应当做的一项工作就是对公共产品进行性质上的分类,清楚地界分"地方性公共产品""全国性公共产品"和"混合性公共产品",进而在法律层面上来明确"地方事权""中央事权"和"混合事权"。

简而言之,对于那些没有明显"外部性"(externality)的公共产品,即成本的负担与收益的获得可被限定在特定区域的公共产品,应当被界定为"地方公共产品",从而保证财政资金使用的最优效率,相应地,这类公共产品的提供则在法律上归属于"地方事权",最典型的就是社区治安、城市交通管理、生活垃圾处理等。

对于那些存在外部效应的公共产品,若将其全部界定为"地方事权",则有可能因为地方政府缺乏激励而导致公共服务的部分缺位或者因为不同地方政府间合作的困难而导致公共管制的部分失效。① 这方面,最典型的例子就是环境污染的治理。北京的空气污染物(如 PM2.5)的相当一部分是来自于周边省份的燃煤所导致的污染物排放。对此,北京市的环保行政管理部门的执法权限是没

---

① 参见 Vincent Ostrom, Charles M. Tiebout & Robert Warren, "The Organization of Government in Metropolitan Areas: A Theory Inquiry", *The American Political Science Review*, Vol. 55, No. 4, 1961。

有办法全面覆盖的,而周边省份的环保部门则由于环境污染的"外部性"而缺乏大力限制燃煤和惩罚燃煤排放(如硫化物和氮化物)的激励。由此,对于跨行政区域污染物排放的治理就不应界定为"地方事权",而应被归类为中央与地方共同负担责任的"混合事权"。类似地,由于全国性商品流通市场的形成,食品、药品的安全管制也属于这一范畴。此外,出于全国范围内不同区域间公共服务均等化的政策考量,像义务教育、基本医疗、社会保障等领域的事权也应界定为"混合事权"。当然,中央和地方在这些"混合事权"中的责任分担还要取决于一国经济、社会的发展阶段和政体结构。

至于那些"外部性"极大的公共产品,地方政府基本上不会有动力去提供,因而只能把责任和权力界定给中央政府,并在法律上明确为"中央事权",最典型的就是国防和外交。对于环保、教育、社保这些"混合事权",地方政府由于信息上的优势而具备了管理上的便利性,因此可以与中央政府分享权力和责任;而对于诸如外交、外贸和国防这样的纯"中央事权"来说,地方政府并无任何成本上的优势。

在这一问题上,中共中央十八届三中全会通过的《中共中央关于全面深化改革若干重大问题的决定》给出了如下的框架性原则:

> 适度加强中央事权和支出责任,国防、外交、国家安全、关系全国统一市场规则和管理等作为中央事权;部分社会保障、跨区域重大项目建设维护等作为中央和地方共同事权,逐步

理顺事权关系；区域性公共服务作为地方事权。中央和地方按照事权划分相应承担和分担支出责任。

基于上述的事权分类原则，我们可以对我国中央与地方之间的事权关系界分进行如下的理论梳理，给出一幅"应然"的图景；而要推动这样的一种法治化的进程，则必然涉及我国方方面面法律制度的确立或调整（见表 4.1）。

表 4.1　三类事权所包含主要事项及相关法律法规

事权分类	事项	涉及中央与地方关系界定的相关法律法规
中央事权	国防	《中华人民共和国国防法》①等
	外交	《中华人民共和国外交特权与豁免条例》《中华人民共和国驻外外交人员法》《最高人民法院关于人民法院受理涉及特权与豁免的民事案件有关问题的通知》等
	出入境管理	《中华人民共和国出入境管理法》
	货币政策	《中华人民共和国中国人民银行法》
	外汇政策	《中华人民共和国外汇管理条例》
	金融监管	《中华人民共和国商业银行法》《中华人民共和国银行业监督管理法》《中华人民共和国证券法》《中华人民共和国保险法》《中华人民共和国信托法》等
	对外贸易	《中华人民共和国对外贸易法》

---

① 《中华人民共和国国防法》第十五条规定的"地方各级人民政府依照法律规定的权限，管理本行政区域内的征兵、民兵、预备役、国防教育、国民经济动员、人民防空、国防交通、国防设施保护、退出现役的军人的安置和拥军优属等工作"以及第十六条规定的"地方各级人民政府和驻地军事机关根据需要召开军地联席会议，协调解决本行政区域内有关国防事务的问题"可以印证前文所描述的"支出责任下放"以及"职责同构"情形。

（续表）

事权分类	事项	涉及中央与地方关系界定的相关法律法规
混合事权	环境治理	《中华人民共和国环境保护法》《中华人民共和国海洋环境保护法》《中华人民共和国渔业法》《中华人民共和国森林法》《中华人民共和国水法》等
	教育	《中华人民共和国义务教育法》《中华人民共和国高等教育法》等
	医疗卫生	《医疗机构管理条例》《中华人民共和国药品管理法》《中华人民共和国传染病防治法》《中华人民共和国执业医师法》等
	食品安全	《中华人民共和国食品安全法》等
	社会保障	《失业保险条例》《中国女职工生育保险条例》以及各省份关于医疗社会保险、养老社会保险等领域的地方立法文件
	跨省区交通	《中华人民共和国公路法》《中华人民共和国铁路法》《中华人民共和国民用航空法》等
	土地管理	《中华人民共和国土地管理法》
地方事权	治安	《中华人民共和国治安管理处罚法》等
	消防	《中华人民共和国消防法》等
	社区管理	各地关于社区管理的地方立法文件
	垃圾处理	《城市生活垃圾管理办法》以及各地关于生活垃圾处理的地方立法文件
	公共交通	各地关于公共交通的地方立法文件
	城市规划	《城市规划条例》①等

　　这里还应当提及的是，要实现政府间事权分配关系法治化的目标，除了需要在法律层面对不同层级政府的事权归属进行明确界定之外，另一个不可或缺的内容则是：各级政府的事权应当获得

---

　　①　现行《城市规划条例》将直辖市的城市总体规划以及省和自治区人民政府所在地的城市、其他人口在 100 万以上的城市的总体规划界定为中央事权。

本级立法机构的法律授权，并接受其监督。①

4.2 地方自治的法律确认

基于"外部性"标准对公共产品进行理论上的分类，进而在法律制度层面明确"中央事权""地方事权"以及"混合事权"，这样的一种法律文本上的界分固然十分重要，但仅仅是文本上的操作并不必然就能收获中央与地方事权关系法治化的结果。正如前文所揭示的，在一个高度行政化的央地关系架构中，把中央看作是地方的"上级"，以成文或者习惯的方式授予中央"号令"地方、"上级"政府指挥"下级"政府的权力，因而各种与法治目标背道而驰的现象（支出责任的逐级下放、职责同构、周期性地收放权等）必然普遍存在。而要克服这种弊病，那唯有在法律上确立"地方自治"的原则和观念。

对于联邦制国家来说，这样的一种"地方自治"的原则和观念是得到宪法所确认的；但对于不少单一制国家来说，一般不会在宪法文本中具体规定地方分权的方式，而往往都是通过专门的立法（例如日本的《地方自治法》、哥伦比亚的《地区组织法》等）或者通过涉及不同事项的单行立法来划定中央与地方的事权分界线。② 这样的分界线

---

① 参见冯兴元：《地方政府竞争：理论范式、分析框架与实证研究》，译林出版社 2010 年版，第 199 页。

② 参见张千帆：《国家主权与地方自治——中央与地方关系的法治化》，中国民主法制出版社 2012 年版，第 90—92 页；文政：《中央与地方事权划分》，中国经济出版社 2008 年版，第 92—109 页。

一旦划定，就意味着无论是中央政府还是地方政府，都不得逾越既有的边界，超越法律去行使职权或者推卸法定的职责。

　　然而，基于我国现有的法律规则，中央（包括全国人大和国务院）的权力边界几乎是不受任何限制的，在理论上可以是无穷大的，它可以在任何领域内立法，在违宪审查机制缺位的情况下，即便《中华人民共和国宪法》也不能对其形成有效约束；而地方（包括地方人大和地方政府）的权力在理论上可能是无穷小的，因为全国人大的立法和国务院的行政法规可以任意地增加地方的权限或减少地方的职责，也可以任意地削减地方的权限或加重地方的职责。

　　尽管现行《中华人民共和国立法法》第七十三条规定了，地方性法规可以就"属于地方性事务需要制定地方性法规的事项"作出规定，但是对于何谓"地方性事务"，并无法律意义上的明确界定。[①] 事实上，在中央与地方的博弈过程中，中央完全占据了主导和主动的地位，所以在目前的中国法律框架内，无须地方的同意，中央可以根据自己的偏好来安排其与地方之间的事权分配关系，这个分配关系形式上可能是基于某一个法律文件的，但实质上完全可能只是一时的政策需要，没有任何的稳定性保障，而在结果上就使得地方政府被迫处于"财力上收、责任下放"这样一个十分不利的境地。在这种背景下，眼下各地债务规模的加速扩张也就不足为奇了。

　　可资比较的是，同为政治体制上归类为单一制国家的日本在2000 年 4 月起实施的《地方分权一揽法》中明确了中央政府与地方

---

　　① 参见孙波：《论地方性事务——我国中央与地方关系法治化的新进展》，《法制与社会发展》2008 年第 5 期。

政府的角色分工，将中央政府与地方政府的关系从上下、主从关系转化为了对等、合作关系。①

在我国的立法体制内，根深蒂固的"上位法"和"下位法"观念本质性地影响着我国中央与地方事权关系的产生和发展。我国现有的与立法体制相关的法律规则十分明显地体现了立法活动在我国呈现出一种"级别化"的色彩：正如同政府官员都具有特定的行政级别，我国的法律规则也是有"级别"的（见表4.2），而一旦出现法律文本内容上的冲突，决定规则效力的是法律规则的"级别"高低，而完全不问某项事权究竟是中央事权还是地方事权。

表 4.2　我国法律规则"级别化"的体现

《中华人民共和国宪法》第六十七条	全国人民代表大会常务委员会行使下列职权……（八）撤销省、自治区、直辖市国家权力机关制定的同宪法、法律和行政法规相抵触的地方性法规和决议……
《中华人民共和国宪法》第八十九条	国务院行使下列职权：……（四）统一领导全国地方各级国家行政机关的工作，规定中央和省、自治区、直辖市的国家行政机关的职权的具体划分……（十四）改变或者撤销地方各级国家行政机关的不适当的决定和命令……
《中华人民共和国宪法》第九十九条	地方各级人民代表大会在本行政区域内，保证宪法、法律、行政法规的遵守和执行……

① 参见礒崎初仁、金井利之、伊藤正次：《日本地方自治》，张青松译，社会科学文献出版社2010年版，第32页。

（续表）

《中华人民共和国宪法》第一百零四条	县级以上的地方各级人民代表大会常务委员会……撤销下一级人民代表大会的不适当的决议……
《中华人民共和国宪法》第一百零八条	县级以上的地方各级人民政府领导所属各工作部门和下级人民政府的工作，有权改变或者撤销所属各工作部门和下级人民政府的不适当的决定。
《中华人民共和国宪法》第一百一十条	地方各级人民政府对上一级国家行政机关负责并报告工作。全国地方各级人民政府都是国务院统一领导下的国家行政机关，都服从国务院。
《中华人民共和国立法法》第九十六条	法律、行政法规、地方性法规、自治条例和单行条例、规章有下列情形之一的，由有关机关依照本法第九十七条规定的权限予以改变或者撤销……（二）下位法违反上位法规定的……
《中华人民共和国立法法》第九十七条	改变或者撤销法律、行政法规、地方性法规、自治条例和单行条例、规章的权限是……（二）全国人民代表大会常务委员会……有权撤销同宪法、法律和行政法规相抵触的地方性法规……（三）国务院有权改变或者撤销不适当的部门规章和地方政府规章……（六）省、自治区的人民政府有权改变或者撤销下一级人民政府制定的不适当的规章……
《中华人民共和国地方各级人民代表大会和地方各级人民政府组织法》第四十四条	县级以上的地方各级人民代表大会常务委员会行使下列职权……（七）撤销下一级人民代表大会及其常务委员会的不适当的决议……

（续表）

《中华人民共和国地方各级人民代表大会和地方各级人民政府组织法》第五十五条	地方各级人民政府对本级人民代表大会和上一级国家行政机关负责并报告工作……全国地方各级人民政府都是国务院统一领导下的国家行政机关，都服从国务院。
《中华人民共和国地方各级人民代表大会和地方各级人民政府组织法》第五十九条	县级以上的地方各级人民政府行使下列职权……（三）改变或者撤销所属各工作部门的不适当的命令、指示和下级人民政府的不适当的决定、命令……（十）办理上级国家行政机关交办的其他事项。

强调"下位法"对"上位法"的服从，这固然有利于全国范围内法律制度的统一，抑制地方政府或有的保护主义行为，但这种观念也已经成为影响制度改革和优化的负面因素。这方面的一个典型例子就是上海自贸试验区试验过程中的法律体制变革问题。

对于最高决策者来说，上海自贸试验区的定位是很清楚的，就是并非再创设一个特区或者开发区，去打造一个政策洼地，也不仅仅是为了进行政策上的修补而已，而是希望通过自贸试验区的试验，来探索一个"可复制、可推广"的全局性的改革方案和路径。因此，从目标来看，上海自贸试验区各项改革措施的试验，若效果良好，最终都要推行到全国范围。因此，很自然地，从法律制度的角度来看，这必然会引发中国法律体系新一轮的"变法"。

如果我们回顾过去30多年中国经济改革的历史，大致可以发现我国的法律制度经历过三次比较大的变革。第一次是改革开放初期，中国的一些基础性法律制度得以制定和确立；第二次是20

世纪 90 年代初期市场经济的合法性和合宪性地位被确认之后所引发的法律制度的变革；第三次大的法律制度变革发生在 21 世纪初期，这是中国加入世界贸易组织引发的。目前从上海自贸试验区的试验来看，我们可以期待这将带来自改革开放以来我国法律体系的第四次大规模的变化。从时间节点来看，过去每一次体系性的法律制度变革中间都差不多间隔 10 年。所以我们完全可以期待，当前上海自贸试验区的试验会在未来相当长的一段时期内形成一个从局部的改革探索扩展为全国性法律制度变迁的渐进演化过程。

正是基于这样的一个基本认识，我们就会发现，其实对于上海自贸试验区的试验来说，在我国立法体制层面存在着一个非常核心、难以解决的矛盾。我们可以看到，这一次上海自贸试验区的试验其实是一种自下往上的制度探索和制度试验，即先在 28 平方公里左右的局部地区进行试点，若能见效，则再推广开来。但中国整体的立法体系，目前来看还是自上而下的固化结构，其实就是说地方的立法不能僭越中央的立法，法律和法律之间是有等级差别的，下位法要服从上位法等。

比如说目前正在探索的关于公司注册最低资本金的取消，这肯定是大势所趋的非常积极的改革探索，但这恰恰是与修订之前的《中华人民共和国公司法》（以下简称《公司法》）相冲突的。[①] 而且全国人大授权国务院调整实施的法律文件中也并没有包含《公

---

① 2013 年 12 月 28 日十二届全国人大常委会第六次会议审议并通过的《中华人民共和国公司法修正案》"事后追认"了这一改革的合法性。

司法》。其实，《公司法》问题可能只是揭开了冰山的一角，未来也许会有更多的问题浮出水面。比如说，关于未来上海自贸试验区离岸金融市场的监管规则，若要依照世界通例，则要取消存贷比和存款准备金的要求，这就涉及《中华人民共和国商业银行法》等法律的修改问题。如果修法还未实施，那这些自下而上的制度试验一定会触到法律的礁石。除了全国人大以及全国人大常委会所制定的法律之外，国务院层面的行政法规和部门规章也会遇到同样的适用问题。

所以我们一定会面临一个两难。要么是承担非常昂贵的法律改革成本，任何一项改革都要游说最高决策当局，游说全国人大常委会，让其修改立法或者进行法律调整适用的授权，此前，全国人大常委会不接受对国务院进行一揽子授权，只授权国务院调整适用涉及三资企业审批的相关法律条文。而上海自贸试验区在可预见的未来试验过程中，需要突破的既有法律障碍远远不止这些，诸如《中华人民共和国公司法》、《中华人民共和国商业银行法》、《中华人民共和国证券法》、《中华人民共和国物权法》、《中华人民共和国担保法》等基础性法律规范都有可能面临需要调整的问题，那是不是未来也要逐一地向上"请示"呢？要么就是采取另外一种选择，即直接突破现有的法律去实施改革措施，就好比国家工商总局所做的，认定取消公司注册最低资本金要求是众望所归的做法，所以尽管《中华人民共和国公司法》还没有修改，但这不影响改革方案的实施，但是，这样做带来的长远体制性问题绝对是不可小觑的。所以说，我们现在面临的立法体制上的两难就是要么承担非常高的法律改革成本,要么损及既有的法治和程序框架。

　　若进一步引申到上海的国际金融中心建设这一话题上,情况也大致如此。上海的国际金融中心建设的一个关键是行政管制的放松,但目前几乎所有行政管制的权力都集中在中央部门,地方可以做的事情是非常有限的,其中涉及的法律问题比比皆是。① 例如,金融衍生品市场的发展需要一套能与之相适应的法律制度去保障,这样的一种游戏规则与我们日常的法律规范是不能够直接划等号的。具体来说,金融衍生品市场所必需的终止净额结算制度就与我国现行的《中华人民共和国破产法》的规则不相一致。在这个问题上,世界各国通常会通过一些特别的立法进行处理,但是在中国,学界和实务界的呼吁很多,然而掌握最高立法权的全国人大在这方面的激励和动力是明显不足的。地方立法机关虽然有很大的激励和动力,但其立法权限却又是受到严格限制的。

　　2009 年,上海市人大常委会制定了《上海市推进国际金融中心建设条例》,但现在看来,这一条例的作用其实非常有限,因为地方立法权是受限的,它不可能去修改全国人大或者国务院的立法,但诸多法律制度的客观障碍却是客观存在的,这恰恰是上海国际金融中心建设的一个关键性的制度瓶颈。

　　放眼全球,我们可以发现纽约、香港、新加坡等城市(地区)作为国际金融中心,它们本身就是一个单独的法域。纽约、香港特

---

　　① 在社会变迁的宏大背景下,金融市场在新的时代特征中面临着全新的挑战,这需要金融法制通过适时进化来予以及时回应,在适应金融市场全新变革的同时进一步规范和发展金融市场。参见冯果、袁康:《社会变迁与金融法的时代品格》,《当代法学》2014 年第 2 期。

别行政区以及新加坡都拥有相对甚至绝对独立的立法权，很显然上海不具备这样的条件。上海只是中国大陆这个大的法律区域中间的一小块，相对独立立法权的缺失是掣肘其国际金融中心地位形成的重要制度性障碍，对于打造有利于金融市场发展的法律环境是极为不利的一个条件。历史地来看，在中国这样一个政治和立法上高度集权的大国内部重新自发形成一个国际金融中心，目前为止还没有先例。伦敦、纽约、香港、新加坡等城市（地区）作为国际金融中心都不存在这样的问题。所以，如果在制度条件不改变的情况下，上海建成了国际金融中心，反而是前无古人的创举了。①

4.3　将财政转移支付纳入法律约束的轨道

由于不同层级政府在划分各自的收入与支出时所遵循的原则不同，而各地的经济、地理、社会等禀赋条件又不尽相同，因此现代财政体制并不以追求"财权"与事权相统一，来要求地方政府自身实现收支平衡，而是强调"财力"与事权相统一，即通过中央政府所主导的纵向或者横向的财政转移支付来确保地方的财力与其支出责任相匹配。此外，公共产品的外部性使得地方政府对于一些具有溢出效应的投资缺乏动力，也需要上级政府给予必要的转移支

---

① 黄韬：《自贸区试验与国际金融中心建设的法制变革需求》，《上海交通大学学报（哲学社会科学版）》2014 年第 3 期。

付来补助。①

可以说，一个良好的财政转移支付法律制度的运行是保障政府间支出责任在法律上的划分得以实现的必要条件，是确保事权与支出责任相适应的本质要求；否则，财力的层层上收与支出责任的层层下放将会使得基层地方政府的负担难以维系，地方政府的债务问题自然也就衍生出来了。即便是像美国这样的高度强调州权利的联邦制国家，联邦政府的财政转移支付在州和地方财政中的占比也达到了接近 1/3。②

受财政立宪思想的影响，一些法治发达国家会在宪法层面对财政转移支付制度进行规定，例如 1982 年《加拿大联邦宪法》第 36 条第 2 款明确了"议会和加拿大政府应采取均衡支付原则，确保各省政府有足够的收入，能够在相对合理且彼此相当的税收水平上，提供相对合理且彼此相当的公共服务水平"。又如，《澳大利亚宪法》第 96 条规定了"……只要联邦议会认为条件是合适的，它就有权批准向各州提供财政拨款"。还譬如，《德意志联邦共和国基本法》第 104 条第 4 款规定了"联邦得对各邦及乡镇之重大投资提供财务协助，此等投资须为消除对整体经济均势之障碍，平衡联邦领域内不同之经济力量或促进经济成长所必要者。其细节，尤其促进投资之种类，由经联邦参议院同意之联邦法律或依联邦预算法之行政协议定之"，该法第 106 条第 3 款第（2）项的内容则是"联邦

①　Anwar Shah, *The Reform of Intergovernmental Fiscal Relations in Developing and Emerging Market Economies*, Policy and Research Series, The World Bank, 1994.

②　尹磊：《财政转移支付：美国的做法及启示》，《财政监督》2007 年第 23 期。

及各邦之预算需要应予协调，以达成合理之平衡，避免过重之税负并确保联邦境内一致之生活水准"，前者是关于纵向财政转移支付的规定，而后者则关注横向财政转移支付的问题。此外，不少国家还制定了规范财政转移支付的专门法律，例如德国的《联邦与各州之间的财政转移支付法》、芬兰的《中央政府对地方政府财政补助的法令》、日本的《地方交付税法》等。①

反观当下中国的财政转移支付体制，下一级政府能从上一级政府获得多少的财力，很大程度上并不取决于其实际的财力需求，而是由其"讨价还价"的能力决定的，这也就是长期以来被诟病的"跑部钱进"现象。这一现象的背后则是目前我国的财政转移支付主要通过专项的形式来进行②，上级政府对资金的分配和投向具有完全的主导权，进而导致了财政资源分配权力行使的随意性，产生大量权力寻租的空间，地方政府的财力调控能力和收支平衡状况并没有得到财政转移支付的有效保障。③ 更进一步的是，不少财政专项转移支付资金在不同地区间进行分配时还要求地方政府提供"配套资金"，这一做法与"公共服务均等化"的财政目标直接相悖，

---

① 参见徐阳光：《财政转移支付制度的法学解析》，北京大学出版社 2009 年版，第 47—68 页。

② 2014 年初我国的专项财政转移支付多达 219 项。参见《"两会"召开在即 财税改革走向成焦点》，《证券日报》2014 年 2 月 28 日。

③ 长期以来，各地的"驻京办"充当了地方政府"跑部钱进"的"一线执行部门"，为此国务院办公厅于 2010 年正式发文，要求县级驻京办及地方政府职能部门驻京办一律撤销，但实际上这些驻京办仍然"名亡实存"，换了一块牌子继续保留（参见《国办发布撤销令满一年 各地驻京办"名亡实存"》，《新京报》2011 年 9 月 19 日），这其实说明了驻京办的大量存在以及"跑部钱进"风气的泛滥根源恰恰就是当下游离于法治框架之外的中央与地方关系以及相应的财政转移支付体制，必须消除这个制度根源。

甚至可能进一步强化部分地区的财力不足和举债需求。

　　经济学的一般理论认为,政府间的财政转移支付可以缩小地区之间的财力差距,并且有助于实现地区间公共服务的均等化,进而提高落后地区吸收发达地区技术的能力,产生追赶效应,收窄不同地区间经济和社会发展水平的差距。① 然而,我国学者近年来的一系列实证研究的结果显示:中央财政转移支付在实现财政纵向均衡的同时,加剧了地区间横向的财力失衡;中央财政转移支付在促进我国地方公共服务的发展和均等化中未能充分发挥作用;财政转移支付不仅未缩小地区间财力差距,反而导致了区域间财力的进一步不平衡。② 此外,中央财政转移支付既没有实现地区间的增长公平,也不具有效率。③

　　基于这样一种现实,中共十八届三中全会所通过的《中共中央关于全面深化改革若干重大问题的决定》给出了宏观的预算管理制度改革路径:

　　　　完善一般性转移支付增长机制,重点增加对革命老区、民族地区、边疆地区、贫困地区的转移支付。 中央出台增支政策

---

　　① Moses Abramowitz, "Catching up, Forging ahead, and Falling behind", *Journal of Economic History*, 46(2),1986: 385—406.

　　② 参见贾康、白景明:《县乡财政困难与财政体制创新》,《经济研究》2002 年第 2 期;贾俊雪、郭庆旺:《政府间财政收支责任安排的地区经济增长效应》,《经济研究》2008 年第 6 期;王文剑、覃成林:《地方政府行为与财政分权增长效应的地区性差异》,《管理世界》2008 年第 1 期;傅勇:《财政分权、政府治理与非经济性公共物品供给》,《经济研究》2010 年第 8 期。

　　③ 参见褚敏、靳涛:《分税制后的中央转移支付有效率吗?——基于中央转移支付对地区间增长公平与效率的检验》,《上海财经大学学报》2013 年第 2 期。

形成的地方财力缺口，原则上通过一般性转移支付调节。清理、整合、规范专项转移支付项目，逐步取消竞争性领域专项和地方资金配套，严格控制引导类、救济类、应急类专项，对保留专项进行甄别，属地方事务的划入一般性转移支付。

从内容上来看，这一"顶层设计方案"自然符合人们对我国财政转移支付体制改革的期待，但要实现这一改革目标，一个绝对不可或缺的要素就是为财政转移支付活动确立法律约束机制，通过减少专项财政转移支付项目①来最大限度地降低财政资源分配的随意性和权力寻租的可能性，从而实现地方政府财力保障和地区间公共服务均等化的现代财政目标。

但截至目前，我国的财政转移支付立法几乎是完全空白，仅有的一份法律文件还是 2000 年财政部发布的部门规章《中央对地方专项拨款管理办法》。②

而转移支付问题显然属于《中华人民共和国立法法》第八条所界定的法律保留事项之一——基本经济制度以及财政、海关、金融和外贸的基本制度，故而仅仅一份财政部的部门规章是远远不够的。其实，早在 2003 年，《财政转移支付法》已被列入十届全国人

---

① 这里可以比较一下美国的做法，自 20 世纪 60 年代以来，美国联邦政府开始了将庞大、烦琐的专项转移支付制度逐步调整为分类拨款的大规模的合并浪潮。目前，美国政府最大的转移支付项目的实施均将零碎繁多的专项拨款合并成了大宗的分类拨款。可以说，分类拨款已成为美国联邦政府对州和地方政府转移支付的一种主要形式。参见徐小平、张启春：《美国的政府间转移支付改革及启示》，《中南财经政法大学学报》2010 年第 2 期。

② 财预〔2000〕128 号。

大常委会五年立法规划,并被归入第二类立法项目,即属于研究起草、成熟时安排审议的法律草案。此后,全国人大常委会预算工作委员会启动了《财政转移支付法》的起草工作。然而,该项立法始终没有实质性进展。而由财政部起草的《财政转移支付暂行条例》在 2007 年也已基本完成,但之后亦被束之高阁。① 想来背后的原因是很简单的,我国至今未在法律层面对政府间事权关系完成严格且清晰的界定,这种情况下要对财政转移支付进行明确的立法显然是缺乏现实基础的。

因此,一个必要的改革举措就是尽快推动《财政转移支付法》的出台,明确财政转移支付制度的具体形式为均衡拨款、专项拨款和整笔拨款补助三类。其中,均衡拨款(也称一般性转移支付)的主要目标是保障下级政府的财力,实现公共服务均等化,不规定资金的具体用途,由接受拨款的下级政府自主安排;专项拨款是按照政府间支出责任的划分,由上级政府对承办委托事务、共同事务及符合上级政府政策导向事务的地方政府的补助,专款专用,为有条件补助;整笔拨款补助介于均衡拨款与专项拨款之间,规定大致的使用范围,如教育、公共卫生等,但不指定具体项目。关于财政转移支付的规模计算,应有明确的公式,以约束上级政府的自由裁量权力,并通过严格的事前程序规则和事后责任规则来挤压"跑部钱进"带来的寻租空间。

---

① 参见《财政转移支付立规》,http://www.caijing.com.cn/2007 - 12 - 17/100042013.html。

第 5 章

事权分配关系法治化的
可能"陷阱"及其应对

5.1　由我国地方政府债务状况而引发的话题

　　近年来,我国金融市场和国家财政系统领域的一个共同的焦点性议题就是关于地方政府的巨额负债及其潜在的风险。尽管 1994 年由全国人大通过的《中华人民共和国预算法》的第二十八条明确要求"地方各级预算按照量入为出、收支平衡的原则编制,不列赤字"以及"除法律和国务院另有规定外,地方政府不得发行地方政府债券",但各地政府(从省一级往下一直到乡镇一级)及其隶属部门和机构都纷纷突破了既有的法律约束,通过财政拨款或注入土地、股权等资产设立了各种名目的融资平台公司,并以其作为对外进行负债的经济实体,由此为地方政府承担为投资项目融资的功能。①

────────────

　　①　地方融资平台的特点在于其能够实现"打包"(pooling)贷款,这样做的好处在于可以节省交易成本、提高融资效率、分散单个项目所面临的风险等。参见王永钦等:《中国地方政府融资平台的经济学:效率、风险与政策选择》,格致出版社、上海人民出版社 2014 年版,第 25—27 页。

根据中国银行业监督管理委员会的统计,截至 2010 年 11 月末,全国共有各类地方融资平台公司 9 828 家,全国地方融资贷款余额约 9.09 万亿元,占全部人民币贷款的 19.16%。在全部的地方融资贷款中,除了那些自身现金流覆盖达 100% 以上,且经债权人、债务人和担保人三方签字的贷款外,其余贷款都不同程度地存在政府代偿风险,而这部分贷款余额超过 6.2 万亿元,占比达 68.72%。①

2011 年和 2013 年,国家审计署曾两次对政府性债务问题进行专项审计。

根据审计署 2011 年 6 月 27 日的公告,截至 2010 年底,全国地方政府性债务余额 107 174.91 亿元,其中:政府负有偿还责任的债务为 67 109.51 亿元,占 62.62%;政府负有担保责任的债务为 23 369.74 亿元,占 21.80%;政府可能承担一定救助责任的其他相关债务为 16 695.66 亿元,占 15.58%。②

2013 年 6 月 10 日审计署发布的公告显示,在全国 36 个地方政府中,有 10 个地区 2012 年政府负有偿还责任的债务率超过 100%,若加上政府负有担保责任的债务,则有 16 个地区的债务率超过 100%。③ 在十二届全国人大常委会第三次会次上所作的《国务院关于 2012 年度中央预算执行和其他财政收支的审计工作报告》指出,从审计 18 个省本级及省会城市本级 2011 年以来的政府

① 参见《地方融资贷款余额约 9.09 万亿 还款压力不容忽视》,http://news.sohu.com/20110310/n279779877.shtml。

② 参见《全国地方政府性债务审计结果》(审计署 2011 年第 35 号公告),2011 年 6 月 27 日。

③ 参见《36 个地方政府本级政府性债务审计结果》(审计署 2013 年第 24 号公告),2013 年 6 月 10 日。

性债务情况来看，一些地方的变相融资现象突出，部分地区的债务增长较快，所审计的地区中，债务增长率超过 20% 的有 4 个省本级和 8 个省会城市本级，最高达 65%；其中，负有偿还责任的债务率超过 100% 的有 9 个省会城市本级，最高达 189%。[①]

而根据审计署 2013 年 12 月 30 日的公告，截至 2013 年 6 月底，省市县三级政府负有偿还责任的债务余额为 105 789.05 亿元，比 2010 年底增加 38 679.54 亿元，年均增长 19.97%，其中：省级、市级、县级年均分别增长 14.41%、17.36% 和 26.59%。[②] 可见，我国地方政府的负债规模依然处于持续扩张的态势，未来控制地方债务风险的工作难度仍不可小觑。

实际上，地方债务问题已经成为我国金融体系和财政体系中一个不可忽视的隐患，并且危及了国家货币政策的长期稳健性。然而，本书并非重复经济学界和法学界既有的关于地方债务所引发的财政、金融、法律风险等问题的研究，更不是以提供直接的地方债务问题应对方案为目的，而是着眼于地方债务问题背后所折射出的中央与地方事权关系，由中央与地方事权关系的法律层面展开分析，着重强调要重视提升央地事权分配关系的法治化程度，但同时这项工作又不能仅仅停留在口号呼吁的层面上，甚至也不能仅仅满足于提出具体的立法建议和政策主张，而是要在充分意识到当下我国财政、金融法律制度环境的特殊禀性的前提下，去探

---

① 参见《审计署：省会城市债务率最高达 189%》，http://finance.sina.com.cn/china/20130627/165515941035.shtml。

② 参见《全国政府性债务审计结果》（审计署 2013 年第 32 号公告），2013 年 12 月 30 日。

索提升中央与地方事权分配关系法治化程度这一集体努力所需要面对的客观约束条件以及相应的制度选择方向。

　　大规模地方债务之所以形成,固然涉及中国政治经济体制的诸多方面,但其中不可回避的一个成因就是我国地方政府所掌握的资源不能满足其现时支出的需要,简单地说就是:事权与财力的不匹配。关于这一现象背后的制度原因,除了有地方政府自身的因素①之外,一个重要的背景就是我国自 20 世纪 80 年代以来的以"分灶吃饭"为基本特征的财政体制安排割裂了财权和事权的联系,第一次把地方政府放到了自主财政的基础上,但同时也在事实上造成了政府责任的地方化②,尤其是 1994 年分税制改革之后出现了"财力逐级上收",而"事权(以及支出责任)逐级下放"的状况。在这种情况下,承担着经济发展这一政治责任(也是政治激励)的地方政府及其官员往往会把举债融资当成弥补财力不足的最后也是最重要的手段。③ 基于这样的原因,本书将把关于我国地方政府债务问题的讨论放在中央与地方的关系这一制度层面来展开,希望能够从现实热点问题中提炼出制度变迁的关键要素。

---

　　①　这些因素大致包括:地方政府的政绩工程投资、中央经济刺激政策引致的地方投资冲动、地方行政和事业单位的膨胀、清理整顿非法金融机构而形成的财政支出等。

　　②　Kai-yuen Tsui and Youqing Wang, "Between Separate Stoves and A Single Menu: Fiscal Decentralization in China", *China Quarterly*, Vol. 177, 2004.

　　③　长期以来,"土地财政"一定程度上缓解了地方政府捉襟见肘的财政状况,但是根据土地总量、目前卖地收入增长速度和经济增长趋势,土地可能在 2021 年左右售罄;而截至 2011 年的数据表明,我国 20 个省市的财政收支缺口占本省市 GDP 的比重比希腊财政赤字占其 GDP 的比重还高。参见孙涛:《融资平台风险与化解之道》,《中国改革》2012 年第 10 期。

中央和地方的关系往往在单一制国家受到忽视，但它一直是依宪执政的重要课题。尤其对于大国来说，中央和地方的关系在国家的政治体制中发挥着枢纽性的作用。一个国家不仅有一块自然地理版图，而且还有一块根据中央和地方的关系所绘制的制度版图。① 既然把中国建设成为一个法治国家已经成为我国绝大多数人的共同期望，那么任何时候我们都不应当忽略在中央和地方的关系这一层面上的制度探索，更何况当下的中国地方政府债务问题已经把这一问题直截了当地摆到了我们面前。地方举债融资行为背后的事权划分问题一直是我国财政法律制度层面最欠缺共识的一个问题，这不仅仅是因为这一领域法律规则的大范围缺位，更是因为它牵涉了我国政治体制中最重要的两个利益群体——中央政府和地方政府。

在最宽泛的理论层面上来分类，事权关系可以表现为国家与市场的事权划分、中央与地方的事权划分、地方与地方之间的事权划分以及财政机构之间的事权划分。② 基于所要讨论的主题，本书中所指的事权分配关系限定于不同层级政府之间的权力和职责划分问题，尤其偏重于中央与地方的事权划分。

事实上，近年来之所以我国各地方政府的债务负担规模呈现急速扩大的趋势，背后的原因不仅仅是因为政府承担着教育、医疗卫生、社区治安等基本的公共服务支出责任，更多地是由于地方政

---

① 张千帆：《国家主权与地方自治——中央与地方关系的法治化》，中国民主法制出版社 2012 年版，前言。

② 参见谭建立：《中央与地方财政事权关系研究》，中国财政经济出版社 2010 年版，第 9 页。

府出于促进经济增长尤其是满足投资的需要而产生的融资需求大幅增长。[①] 所以,在讨论我国政府间的事权划分这一问题时,有必要把视角进行扩展,去观察那些会带来隐性财政支出责任的行政权力是如何进行纵向划分的,而不仅仅是局限于显性的财政支出责任分配。

在当下中国的财政法制结构中,税收法律制度已经具备了一定的形式化基础,税收征管、税收处罚、税收复议、税收诉讼等程序性法律规则也经历了相当一段时期的实践操作,中央与地方税权关系的法治化程度正在得到逐步提升(尽管仍有大量的批评意见);但是,若我们反观财政关系的另一个重要领域,即中央与地方的事权关系,那么很遗憾的是,其至今总体上仍然处于法治化程度较低的状况,即便不是"无法可依",至少也可以发现法律在其中并没有起到重要的作用,政府间事权的分配往往是基于变化不定的、非制度化的政策或命令,而不是基于稳定的法律规则。[②] 在分析地方债务问题的形成过程时,我们往往就能把成因归结到政府间事权关系尚未理顺这一点上。故而,我们要谈论地方政府债务问题,就一定不能跳过中央与地方的

---

① 例如,在 2008 年全球性金融危机爆发之后我国政府推行了"四万亿"的经济刺激政策,但是中央政府其实只拿出了约 1.18 万亿元财政资金,剩余部分的筹集则成为了地方政府的责任。参见黄子恒:《地方融资平台如何"排雷"》,《中国改革》2012 年第 10 期。

② 苏力在研究了 1949 年之后中国共产党的执政历史后,认为我国中央与地方之间其实是一种"商量办事"非制度化演进路径;在非常规年代,这有利于形成某种稳定且可行的纵向分权,但是它所催生的"上有政策,下有对策"会造就机会主义的政治经济社会伦理,不仅不利于中国统一的市场经济发展,而且会威胁中国的政制统一和稳定。参见苏力:《当代中国的中央与地方分权——重读毛泽东〈论十大关系〉第五节》,《中国社会科学》2004 年第 2 期。

关系，而关于中央与地方事权关系的法律制度问题就是一个有着重要现实意义的理论命题。也可以这么说，处理我国中央与地方事权关系的法律制度在未来的建构状况将在很大程度上决定我国解决地方政府债务问题的进程和难度。

5.2 提升中央与地方事权分配关系法治化程度的憧憬

在已经意识到我国地方政府债务问题的现实紧迫性之后，我们就有责任去反思我国中央与地方之间事权分配关系长期以来始终未能理顺的制度性原因，这又涉及对改革开放 30 余年来我国财政法律体制和政策的全面评价，而事实上这种反思和评价一直在进行着，只不过在当前的情形下显得尤为必要。

总体上，我国财政体制的一个特点是财政收入划得相对清晰，但是缺乏政府间支出责任的正式划分。1994 年分税制改革重新上收了财政收入，但没有相应调整支出任务，地方政府的预算任务由此日渐沉重，在地区之间更是苦乐不均。分税制改革以来，在重要的社会服务领域，如教育、医疗卫生、文化和科学等方面，地方政府支出几乎占总支出的 90% 以上。① 对比其他国家的情况，我国中央和地方之间在公共产品供给上的分工存在着过于向地方政府倾斜的问题，甚至有学者就认为中国的财政体制在很大程度上可概括为"掠夺型的财政联邦主义"（predatory fiscal federalism），从

---

① 参见傅勇：《中国式分权与地方政府行为——探索转变发展模式的制度性框架》，复旦大学出版社 2010 年版，第 101 页。

中央开始,每一个上级政府总是尽可能地占有更大比重的财政收入,而将财政支出的责任推给下级政府。[1]

显然,目前我们国家中央与地方的事权分配关系并不处于一种较为理想的状态之中,各种问题和矛盾层出不穷。在这种状况下,提升我国中央与地方事权分配关系法治化程度的政策建议自然就会成为某种一般性共识,期望以此来解决目前地方政府财力与事权严重不相称的问题。其实在这个问题上,我们可以先考察一下其他国家的法律制度和法律实践,以此作为某种程度参考的对象。

对于联邦制国家来说,中央与地方事权的划分是宪法层面的议题,中央专有的事权、地方专有的事权以及中央和地方共享的事权多是通过宪法文本或者宪法判例来界定的。[2] 而对于单一制国家来说,情况则显得比较多元。有的国家在宪法中直接写入了中央权力与地方权力的具体划分,例如 1948 年《意大利共和国宪法》明确列举了中央的专有立法权以及中央与各区的共有立法权,没有明确保留给中央的事项则由各区行使专有立法权。有些单一制国家虽然没有规定一般的中央和地方权限,但是对其中某些特别地区规定了地方分权,例如 1987 年《菲律宾共和国宪法》规定了穆斯林自治区对九大事项享有专有立法权。更多的单一制国家的宪

---

① Victor Shih, Mingxing Liu & Qi Zhang, "'Eating Budget': The Logic of Fiscal Transfers under Predatory Fiscal Federalism", FED Working Paper Series, No. FE20050009, 2005.

② 例如,美国联邦最高法院历史上著名的"1819 年美国银行案"(McCulloch v. State of Maryland, 17 U.S. [4 Wheat.] 316)以及"1851 年领港调控案"(Cooley v. Board of Wardens of Port of Philadelphia, 53 U.S. [12 How.] 299)都曾经以判决的形式对联邦权力和州权力的划分作出了解释。

法虽然主张地方自治，但是没有在宪法文本中具体规定地方分权的方式，一般都是通过专门的立法（例如德国的《财政预算法》、日本的《地方自治法》、哥伦比亚的《地区组织法》等）或者通过涉及不同事项的单行立法来划定中央与地方的事权分界线。① 这样的分界线一旦划定，就意味着无论是中央政府，还是地方政府都不得逾越既有的边界，超越法律去行使职权或者推卸法定的职责。

反观中国，在中央与地方的事权划分这一问题上，既有的法律规则与先进国家相比（甚至是和中国处于相同发展阶段的国家相比）还显得非常不成熟、不完备，法律制度呈现出一种"粗线条"的特点，规则的稳定性和可适用性较弱。可以说，在我国，中央与地方的事权划分这一重要的"国家制度"在总体上还处于法治化程度较低的状态。

我国的法律体系中，关于中央与地方分权的具体规则主要体现在《中华人民共和国立法法》的条文中。该法第八条规定："下列事项只能制定法律：（一）国家主权的事项；（二）各级人民代表大会、人民政府、人民法院和人民检察院的产生、组织和职权；（三）民族区域自治制度、特别行政区制度、基层群众自治制度；（四）犯罪和刑罚；（五）对公民政治权利的剥夺、限制人身自由的强制措施和处罚；（六）税种的设立、税率的确定和税收征收管理等税收基本制度；（七）对非国有财产的征收；（八）民事基本制度；（九）基本经济

---

① 参见张千帆：《国家主权与地方自治——中央与地方关系的法治化》，中国民主法制出版社 2012 年版，第 90—92 页；文政：《中央与地方事权划分》，中国经济出版社 2008 年版，第 92—109 页。

制度以及财政、税收、海关、金融和外贸的基本制度；（十）诉讼和仲裁制度；（十一）必须由全国人民代表大会及其常务委员会制定法律的其他事项。"毫无疑问，上述十一大事项（包括最后的兜底事项）被界定为中央的专属权力。同时，该法第六十五条授权国务院根据宪法和法律，制定行政法规，而行政法规可以就下列事项作出规定："（一）为执行法律的规定需要制定行政法规的事项；（二）宪法第八十九条规定的国务院行政管理职权的事项。"显然，通过制定行政法规，中央政府可对权力边界进行自我拓展。

而在地方这一端，《中华人民共和国立法法》第七十二条规定了"省、自治区、直辖市的人民代表大会及其常务委员会根据本行政区域的具体情况和实际需要，在不同宪法、法律、行政法规相抵触的前提下，可以制定地方性法规"，同时在第六十四条列明了地方性法规可以涉及的事项，即："（一）为执行法律、行政法规的规定，需要根据本行政区域的实际情况作具体规定的事项；（二）属于地方性事务需要制定地方性法规的事项。"

由此观之，《中华人民共和国立法法》在立法权力方面界定了全国人大与国务院以及中央与地方之间的分水岭，但就其实质内容而言，并未像其他国家的宪法或者关于地方自治的专门法律那样清晰地给出一个法律清单：哪些事权是属于中央的，哪些事权是属于地方的，而哪些事权是中央和地方共享的。[①] 2015 年修订之

---

　　① 　我国的《中华人民共和国民族区域自治法》规定了民族自治地方国家机关的专有权力，《中华人民共和国香港特别行政区基本法》和《中华人民共和国澳门特别行政区基本法》规定了香港和澳门这两个特别行政区的专有权力，但是我国目前尚未有一部具有普遍适用性的《地方自治法》。

后的《中华人民共和国立法法》虽然在第七十二条规定了"设区的市的人民代表大会及其常务委员会根据本市的具体情况和实际需要，在不同宪法、法律、行政法规和本省、自治区的地方性法规相抵触的前提下，可以对城乡建设与管理、环境保护、历史文化保护等方面的事项制定地方性法规"，其中明确列出了地方立法机关对于"城乡建设与管理"、"环境保护"、"历史文化保护"这三类事项的立法权力，但这三类事项既非穷尽的，亦不属于排他性授予地方的事权种类。

更为关键的一点是，基于我国现有的法律规则以及根深蒂固的"下位法服从上位法"的观念，中央（包括全国人大和国务院）的权力边界几乎是不受到任何限制的，在理论上可以是无穷大的，它可以在任何领域内立法，在违宪审查机制缺位的情况下，即便《中华人民共和国宪法》都不能对其形成有效约束；而地方（包括地方人大和地方政府）的权力在理论上可能是无穷小的，因为全国人大的立法和国务院的行政法规可以任意地增加地方的权限或减少地方的职责，也可以任意地削减地方的权限或加重地方的职责。在中央与地方的博弈过程中，中央完全占据了主导和主动的地位，所以在目前的中国法律框架内，无须地方的同意，中央可以根据自己的偏好来安排其与地方之间的事权分配关系，这个分配关系形式上可能是基于某一个法律文件，但实质上完全可能只是一时的政策需要，没有任何的稳定性保障，而在结果上就使得地方政府被迫处于"财力上收、责任下放"这样一个十分不利的境地。在这种背景下,地方债务规模的加速扩张也就不足为奇了。

因为法治化程度不高而导致的中央与地方之间的不对等关系在过去几十年间的中国财政体制内已经成为一种常态,并时常造成"中央请客、地方埋单"的尴尬局面。例如,为了兑现"敞开收购余粮"这一国家对农民的承诺,1998 年国务院出台了《关于进一步深化粮食流通体制改革的决定》①,这份决定的第二部分"合理划分中央和地方的粮食责权,全面落实粮食省长负责制"即是关于事权划分的内容,其中赋予国务院的主要职责是"宏观调控",而地方政府的主要职责就是"切实做好粮食收购工作",换句话说,就是中央给政策,统一指挥,而具体的支出责任由地方财政承担。往往这类涉及广大民众的政策实施,如果效果好,那似乎功劳都是中央的,如果效果不好,那就要推定地方落实中央政策不力了。后来的事实证明地方财政无法持续性地为中央的"请客"去"埋单",以至于在 1999 年财政部等部门为了减轻地方政府的支出负担而联合发布了《关于调整新增粮食财务挂账和其他不合理占用贷款处理政策的通知》②,决定除北京、天津、上海、广东四省(市)外,其他省(区、市)的新增粮食财务挂账和其他不合理占用的贷款本金,暂不统一要求消化,实行本金挂账。

在我国,中央与地方事权分配关系的法治化程度较低还表现为这样的一种现象:即便单行法律已经在某个事项上明确中央与

---

① 国发[1998]15 号。
② 财经字[1999]484 号。

地方的权力划分，但是中央仍然可以基于"法外因素"来单方面变更既有的权力划分格局。例如，2004 年 4 月，出于利用土地政策进行宏观调控的需要，国务院办公厅下发了《关于深入开展土地市场治理整顿严格土地管理的紧急通知》，决定全国暂停审批农用地转非农建设用地，确属急需的重点建设项目用地由国务院批准。这一紧急通知在没有经过任何修法程序的情况下实质上改变了由全国人大制定的《中华人民共和国土地管理法》关于国务院和地方各级政府对土地审批权限划分的规定。

可见，无论是在支出责任划分方面，还是在政府权力分配方面，由于中央与地方的关系维持主要不是基于法律，而是基于法律之外的因素，因此地方政府一方面背上了沉重的财政负担，另一方面实施政策时束手束脚，并且动辄得咎，而地方债务在近年来的膨胀趋势也正印证了这一制度性缺陷的存在。

在这种情况下，提升我国中央与地方事权分配关系法治化程度的政策主张会得到各界持续、普遍的响应。中共十八届三中全会之后发布的《中共中央关于全面深化改革若干重大问题的决定》提出，"必须完善立法、明确事权、改革税制、稳定税负、透明预算、提高效率，建立现代财政制度，发挥中央和地方两个积极性"以及"建立事权和支出责任相适应的制度"①。具体来说，要推动中央与地方事权分配关系法治化的进程，就应当首先在宪法和法律上确

---

① 参见《中共中央关于全面深化改革若干重大问题的决定》(2013 年 11 月 12 日中国共产党第十八届中央委员会第三次全体会议通过)。

立中央与地方之间"分权"的观念,淡化原有的"上下级关系"的色彩[1],然后去促成一个基于法律规则的、高度透明的中央与地方博弈的关系,在这个过程中要充分保障地方事权的独立性(彰显"地方自治"的观念),不能随意地加重地方的支出责任,同时也不应当任意地剥夺其基于法律所享有的政府权力。

5.3　央地事权分配关系法治化的可能"陷阱"：地方政府的"预算软约束"

地方债务的议题引发了我们对中央和地方事权划分的思考,进而提出把推动我国中央与地方事权分配关系的法治化程度作为系统性解决地方债务问题的一个制度切入口。但是,我们也应当意识到,一方面,任何的政策建议是否具有实际的效用,不是仅仅用某些抽象的原则就能检验出来的,"依法治国"抑或"财政联邦主义"固然是一种政治正确的"顶层设计"表述,符合我们对现代国家理想治理方式的美好想象,但如果不去深究如何把"依法治国"和"财政联邦主义"具体落实到制度细节的层面,那么我们就很有可能落入"空喊口号"的境地;另一方面,任何的制度都不是存在于真

---

① 其实,尽管"单一制国家"还是作为官方的正统描述,尽管《中华人民共和国宪法》没有任何明文的规定,但在郑永年教授看来,改革开放后的权力下放导致我国中央和地方之间形成了一种互惠合作式的默契,而地方政府权力的增加并没有导致其实施公开对抗中央的政策,它们选择通过合作来引导中央政府出台有利于地方的政策,这就构成了一种"事实上的联邦主义"(de facto federalism)。参见 Yongnian Zheng, "De Facto Federalism in China: Reforms and Dynamics of Central-Local Relations", *World Scientific*, 2007。

空之中的，制度与制度之间是互相勾连、彼此"镶嵌"的，因此我们的判断视角不应仅仅从单一的某项制度出发，而要考虑既有的制度均衡被打破之后，能不能形成一个更优的新均衡。

更进一步地说，在建构法治导向的我国中央与地方的事权分配关系的同时，一个不可忽略的方面就是：我们如何有效控制地方政府的"预算软约束"（soft budget constraints）问题？之所以提出这个问题，关键的原因就在于：央地事权分配关系的法治化和去行政化固然有助于清晰地界定政府间的权力分配关系，减少中央支出责任的任意下放和地方财力的任意上收，进而缓解地方支出的部分压力以及随之而来的举债融资需求；但是，提升中央与地方事权分配关系的法治化程度并不能当然地抑制现阶段中国地方政府所普遍具有的扩张预算的强烈倾向①，在央地事权关系法治化程度较弱的状态下，中国的政治体制模式可以作为一种有效的控制手段，而一旦地方的自主权在法律层面得到更高程度的保障，既有的政治控制手段被法律消弭了，这就引发了一个有必要去担心的问题：此时，我们能用什么样的机制来防止地方预算的失控呢？如果不能给出满意的答案，地方债务问题不仅不能解决，反而会变本加厉般地失控，而这就是本章所要提醒注意的中央与地方事权分配关系法治化的"陷阱"。

在公共选择理论看来，官僚与所有普通人一样，都是个人利益最大化者。构成官僚个人利益的主要因素有权力、地位、金钱、特

---

① 关于分权条件下预算软约束导致政府支出无效率的研究可参见 Johnathon Rodden, Gunner S. Eskeland & Jennie Litvak (eds.), *Fiscal Decentralization and the Challenge of Hard Budget Constraints*, The MIT Press, 2003。

权等,这些目标大多与官僚所在机构的预算规模呈单调正相关关系,而政府预算规模又与政府权力的大小正相关,即政府预算越大,该机构权力越大,机构负责人地位越高,该机构所控制的社会资源也就越多。因此,为了追求个人的地位、权力和收入,政府官员必然千方百计地追求本机构预算的最大化,追求对政府权力的有效控制,尽可能扩大本部门的规模。① 这是经济学理论对世界各国政府在实际运行过程中出现的"预算软约束"情形的一种一般性描述。② 在中国,我们自然也能看到这一理论描述的现实镜像。但是,对现实中国的中央与地方关系的理解还不能仅限于此,地方政府官员和政府部门之所以对金融市场和债务工具显示出了不亚于企业的积极性,其内在的激励其实是由当下一系列成文或者不成文的国家治理机制所决定的。

在不少主流学者看来,中国的中央与地方之间的分权呈现的是一种"中国式的联邦主义",其中一个表现就是会出现管辖区域之间的竞争(competition among jurisdiction),这些竞争涉及生产要素、资源、外商投资等方面③,它使得中国的地方政府存在为了满足当期投资需求而过度融资的可能性,即不同于经典意义上的财

---

① William Niskanen, *Bureaucracy and Representative Government*, Aldine-Atherton, 1971, p.38.

② "预算软约束"这一概念最初是由匈牙利经济学家亚诺什·科尔奈最早提出的,针对的则是社会主义国家的政府不能承诺不用各种财政手段去解救亏损的国有企业这一经济现象。参见 János Kornai, *Economics of Shortage*, North Holland Press, 1980。

③ Gabriella Montinola, Yingyi Qian & Barry R. Weingast, "Federalism, Chinese Style: The Political Basis for Economic Success in China", *World Politics*, 48(1), 1995.

政联邦主义所描述的地方政府因为更了解辖区居民的偏好①而展开顶线竞争（race to the top），而是为了通过政策优惠或者政府的举债融资来引入更多的稀缺资本进入本辖区，从而争取更高的经济增长指标而展开底线竞争（race to the bottom）。

简言之，我国的地方政府及其官员有着强烈的"政绩显示"需求，而这种需求其实就是"上有所好，下必甚焉"的产物。改革开放30多年来，中央政府主要是实施一种以 GDP 增长率为核心指标的政绩考核机制，这种机制对于地方官员来说就是一种"锦标赛"式的政治激励②，由此形成了一种地方政府间基于上级政府评价的自上而下的"标尺竞争"（yardstick competition）③。这样的一种中央对地方的"考核办法"促使地方政府希望在 GDP 竞赛中胜出，为此在基础设施建设、招商引资等方面投入了巨大的精力，以期刷出立竿见影的"数据"，同时却没有动力去提升回报周期较长的基础性公共服务的投入比重，这也是近年来导致我国社会矛盾加剧的因素之一。

客观地说，我国地方政府及其官员之间基于经济增长速度的晋升锦标赛可以被视作最近几十年以来中国经济发展的一个成功经验，它体现了"基于分权的政治结构"之下经济分权与政治集权

---

① Charles Tiebout，"A Pure Theory of Local Expenditure"，*Journal of Political Economy*，64(5)，1956:416—424.

② 参见周黎安：《晋升博弈中政府官员的激励与合作——兼论我国地方保护主义和重复建设问题长期存在的原因》，《经济研究》2004 年第 6 期；周黎安：《中国地方官员的晋升锦标赛模式研究》，《经济研究》2007 年第 7 期。

③ 参见张晏：《分权体制下的财政政策与经济增长》，上海人民出版社 2005 年版。

这两者的组合所产生的激励效应。① 但同时它也催生了地方政府
的机会主义行为,带来了负面效果。地方官员之间围绕着经济增
长指标而展开的"晋升锦标赛"固然有利于突出地方经济发展这一
"硬道理",但另一方面也不可避免地放大了"预算软约束"所带来
的现实问题,为了在经济竞争中获得有利地位以增进政治晋升的
机会,地方官员会动用一切政策手段(包括财政和金融工具)支持
企业的其他商业扩张,这种只重数量而非质量的扩张很容易形成
企业经营绩效低下以及政府的财政赤字和负债。②

　　事实上,出于资源控制权的争夺,一个竞争性政府一旦面临软
的预算约束和模糊的财政产权环境,必将进行各种财政"创新",表
5.1 按照时间先后顺序列出了我国地方政府在不同时期获取资源
的财政"创新"类型,而近年来地方政府的大规模举债融资即是这
一行为逻辑的当前发展阶段。

表 5.1　竞争性地方政府在不同条件下的资源争夺③

时　　间	地方政府获取资源的形式	中央政府的应对
20 世纪 80 年代	预算外资金开始膨胀	清理整顿预算外债务
20 世纪 90 年代前期	地方国有企业产权改革	"抓大放小",城市社保体制建立

---

　　① 参见陆铭等:《中国的大国经济发展道路》,中国大百科全书出版社 2008 年版,第 51—52 页。
　　② 周黎安、李宏彬、陈烨:《相对绩效考核:中国地方官员晋升机制的一项经验研究》,《经济学报》2005 年第 1 卷第 1 辑。
　　③ 表格部分内容参考时红秀:《财政分权、政府竞争与中国地方政府的债务》,中国财政经济出版社 2007 年版,第 134 页。

（续表）

时　　间	地方政府获取资源的形式	中央政府的应对
20 世纪 90 年代中期	借由行政审批创设特许权（设租）	清理整顿"三乱"
20 世纪 90 年代后期	推动设立地方金融机构	清理整顿地方金融
2000 年左右起	出让土地使用权和资源勘探权	清理整顿土地资源
2010 年左右起	地方政府举债融资	清理地方债务
下一阶段？	地方国有资产的大规模证券化？	事权的进一步明确？

在这种情况下，我国的中央与地方之间的关系始终处于一个非常"纠结"的状态中。一方面，中央的经济发展目标需要激励地方去共同实现，而且在市场机制不健全的情形下，中央政府的宏观经济政策执行状况还必须依赖地方政府的配合；另一方面，地方政府的过度举债又使得中央政府承担了潜在的"兜底责任"。尽管在理论上，我国没有任何一条法律明文规定中央政府要为地方政府的债务承担连带担保责任[①]，但是一旦地方政府陷入了债务清偿上的困境，我们很难想象中央政府会袖手旁观。主要原因有二：其一是，地方债务的偿付顺利与否直接影响到金融体系的稳健性[②]，而

---

① 在目前的《中华人民共和国预算法》框架下，中央政府代发的地方债券严格地说并不属于法律意义上的地方债务，对于债券持有人来说，中央政府承担的是第一位的清偿义务，而不是补充的连带担保责任。

② 审计署对 36 个地方政府本级政府性债务审计结果表明，2012 年底的地方债务余额中，银行贷款占到了 78.07%，是债务资金的最主要来源。参见《36 个地方政府本级政府性债务审计结果》（审计署 2013 年第 24 号公告），2013 年 6 月 10 日。

维护金融稳定是中央政府的重要政治责任；其二是，在中共统一领导的政治体制下，所谓中央和地方之间的关系并不是两个独立实体之间的关系，因为事关国家的社会信任度，因此中央和地方在本质上就是一体的。毫无疑问的是，这样的一种政治结构也是激励我国地方政府过度举债的制度因素之一。

　　Weingast 认为理想的财政联邦主义国家必须满足的一个条件就是地方政府要面临严格的预算约束，防止政府的无限度融资需求。[①] 具体地说，就是地方政府既没有货币创造的能力，也没有无限借贷的渠道，并且中央政府不会在财政困境中解救地方政府，这才能造就一个"市场维持型的财政联邦主义"（market-preserving federalism）。[②] 显然，仅仅是提升中央与地方关系的法治化程度，这不足以在中国实现我们真正希望的财政联邦主义，反而会掉入人为制造的"陷阱"。为此，制度之间、政策之间的彼此契合是不可或缺的。

　　在探讨中央与地方事权分配关系法治化这一问题时，之所以要特别强调地方政府的"预算软约束"，其实就是想说明这样一个道理：大规模地方债务形成的原因之一是中央与地方事权关系的未理顺，而理顺这一关系的关键在于把央地事权关系纳入法律治

[①]　Barry R. Weingast, "Second Generation Fiscal Federalism: Implications for Decentralized Democratic Governance and Economic Development", Working Paper, Hoover Institution and Department of Political Science, Stanford University, 2006.

[②]　Barry R. Weingast, "The Economic Role of Political Institutions: Market-Preserving Federalism and Economic Development", *The Journal of Law, Economics & Organization*, Vol. 11, No.1, 1995, pp. 1—31.

理的框架。但是，制度的改革不是那么简单的，央地事权分配关系的法治化有可能会进一步放松我国地方政府的预算约束，为此我们必须在对制度改进时作出系统性地安排，避免"陷阱"的出现。具体而言，一方面要提升央地事权分配关系的法治化程度，另一方面则要着眼于强化对地方政府的预算约束，即做到"央地事权关系法治化"与"地方政府预算硬约束（hard budget constraints）"这两项政策的有机组合。

无论是在理论推导上，还是从现实的情况来观察，我国地方政府有天生地扩张债务规模的倾向，这样的一种事实使得中央政府有理由担心地方债务规模的扩张会给整个中国的金融体系和财政体系的安全性带来严重的负面效果。因此自 2010 年 6 月《国务院关于加强地方政府融资平台公司管理有关问题的通知》①发布之后，以清理融资平台公司为核心的控制地方债务规模和风险预防的工作已成为当前各地受命于中央的一项政治任务。② 其实，近两三年来的一系列清理整顿工作可以看作是在央地事权关系尚未理顺的情形下，中央政府面对潜在的危机而阶段性采取的强化地方

---

① 国发[2010]19 号。

② 之后出台的重要法律文件还包括：《四部委关于贯彻国务院关于加强地方政府融资平台公司管理有关问题的通知相关事项的通知》（财预[2010]412 号）、《中国银监会办公厅关于地方政府融资平台贷款清查工作的通知》（银监办发[2010]244 号）、《中国银监会办公厅关于做好下一阶段地方政府融资平台贷款清查工作的通知》（银监办发[2010]309 号）、《国家发展改革委办公厅关于进一步规范地方政府投融资平台公司发行债券行为有关问题的通知》（发改办财金[2010]2881 号）、《中国银监会关于加强融资平台贷款风险管理的指导意见》（银监发[2010]110 号）、《加强 2012 年地方政府融资平台贷款风险监管的指导意见》（银监发[2012]12 号）以及《关于加强 2013 年地方政府融资平台贷款风险监管的指导意见》（银监发[2013]10 号）等。

政府"预算硬约束"的举措。

提升中央与地方事权分配关系法治化程度被认为是解决中央与地方在财政关系上的权、责、利不平衡、不匹配的一个制度化设计方案。从理论上来说,央地事权分配关系的法治化将助于改变目前普遍存在的财力逐级上收、责任逐级下放的政府间关系,防止出现地方政府支出责任过重的情形,也有利于明确地方政府可不受干扰地独立行使某些经济、社会管理的职权。简言之,央地事权分配关系的法治化实际上会在目前的中国政治结构中催生出更多的、更明显的"地方自治"色彩。这样一种结果,从积极的意义上来说,由于地方的支出责任是法定的、可预期的,因而会减少地方政府的一部分举债融资需求,所以从长远来说,是可以起到控制债务规模扩张的作用的。

然而,在既定的我国政治结构中,仅仅是央地事权分配关系的法治化,它还不足以打造出一个完整意义上"地方自治",充其量只是"准地方自治"。完整意义上"地方自治"不仅包含了"权力行使"的独立性这一层含义,也要强调"地方责任"的独立性,如果只是做到了前者,那只是"准地方自治"。而提升央地事权分配关系的法治化程度,其着眼点是在于保障地方的自主性,这项政策措施本身是很难起到强化地方责任独立性的功效的,甚至会使得原先已经十分突出的地方责任不独立的问题变得更为突出。

具体来说,在原先的央地事权分配关系中,由于中央掌握有完全的主导权力,因此它可以借由整个政治机制的运作来尽可能要求和监督地方去达到"预算硬约束"的目标,例如把诸如城市轨道交通这样的大型地方基础设施建设的审批权力集中在中央，或者在经济过热的情况下把原先界定给地方的审批权力收归中央，这些做法实际上就是对地方财政支出的一种控制，它对于地方债务规模的膨胀是可以起到约束作用的。显然，这种有利于实现地方"预算硬约束"的控制机制是一种政治的机制，而非法治的机制。

而我们试想一下，如果我国的央地事权分配关系法治化程度有了比较大幅度的提升，中央与地方关系较大程度地基于法律而展开，那么既有的控制机制很有可能就不再那么有效了，那我们的问题就来了：这时候，用什么样的控制机制来确保地方的"预算硬约束"，实现 Weingast 所定义的那种市场维持型的财政联邦主义呢？

理论上来讲，如果存在完整意义上的"地方自治"，地方政府像有限责任公司那样既有独立的人格，又要独立地承担债务，那么上述问题也就不存在了，因为此时具有"独立责任"的地方政府没有理由去超出自己的偿还能力而进行超限度地融资，地方政府的债务规模自然就处于可控的状态。

但是，我们很难期待出现一个像有限责任公司那样的地方政府，尤其在中国。事实上，我们可以发现，由于地方政府举债融资的过程中存在着大量的道德风险（moral hazard）①问题（其中有些

---

① 道德风险是合同不完全性的一种特殊形式，可被定义为"从事经济活动人在最大限度地增进自身效用时做出不利于他人的行动"，引致道德风险的原因有信息不对称以及订立和执行合同时需要的费用。参见约翰·依特维尔、默里·米尔盖特、彼得·纽曼编：《新帕尔格雷夫经济学大辞典》（第三卷），经济科学出版社1996年版，第588—589页。

是各国皆有的,而有些是中国特有的),因此地方债务规模超出了必要的限度,因而必须引入某种控制机制,否则,就会出现地方政府行为失控的状况。

具体来说,我国地方政府融资过程中出现的道德风险问题可以分为三个层次。

首先是地方政府的道德风险。如果是一个承担"独立责任"的地方政府,它就不应当指望上一级政府会为它的负债承担连带的偿付责任。然而,就当前的中国各级政府关系来说,彼此之间责任的独立性其实是相当微弱的,当我们强调"下级服从上级"的时候,其实也就隐含了"上级为下级负责"的意思。具体到地方政府债务问题上,中央政府的"隐性担保",或者说"兜底责任"实际上都是激励地方政府过度举债的制度安排。一个现实的例证就是,我国目前的地方债券都是由中央政府"代发"的,而不是地方政府以自己名义承担的债务。根据 2011 年 10 月 20 日财政部发布的《2011 年地方政府自行发债试点办法》,上海市、浙江省、广东省、深圳市成为地方政府自行发债的首批试点地区,有意思的是由中央政府代发的这四个试点地区的地方债券,其市场中标利率均低于同期限国债的利率水平,这其实反映了在投资者潜意识里,地方债还是与中央政府的信用紧密挂钩的。①

其次是地方政府官员个体的道德风险,这集中表现为"前任借债,后任还债"。在企业经理的激励计划中,可以比较容易地找到

① 参见《首批地方债利率均与国债倒挂 非市场因素导致》,http://money.163.com/11/1126/09/7JPAS4CU00253B0H.html。

激励经理追求企业长期目标的手段，比如说给予经理股份或者股票期权，但是，对于地方政府的官员却很难进行类似的长期激励，从而使得地方政府的长期目标被忽略[1]，而当前的地方债务问题很大程度上就是一种"寅吃卯粮"。还需要特别提及的一点是，目前中国政治体制内普遍存在着"异地任职"的不成文规则，换句话说，地方高级官员的任职地点往往不是其长期生活、学习、工作之处，这种做法固然是切断官员的人情关系网络，预防腐败的一种制度安排，但同时它也是切断官员与当地的人情约束网络，强化地方官员的道德风险，造成行为短期化的一个重要因素。

再次就是债权人的道德风险。理论上讲，债务人的举债能力决定于金融市场上债权人群体向其提供资金融通的意愿，因此债务人的负债规模在金融市场上总是受到约束的，毕竟理性的债权人不会无缘无故地过度放贷给一个没有足够清偿能力的债务人的。但是，实际操作层面上，金融市场的债权人并不是像看待一家《中华人民共和国公司法》意义上的公司那样去看待地方政府及其融资平台的。在金融机构或者金融市场的其他债权人看来，一方面，地方政府在未来的财政收入流量（税收、各类收费、土地使用权出让、地方国企产权的出售等）可以作为它本身或者融资平台偿付债务的担保；另一方面，我国的地方政府是不会像美国的州政府那样破产的[2]，一旦出现偿付危机，中央政府绝不会袖手旁观的。正

---

[1] 参见陆铭等：《中国的大国经济发展道路》，中国大百科全书出版社 2008 年版，第 80 页。

[2] 美国地方政府破产的内容规定见《破产法》（*Bankruptcy Code*）第九章《地方政府债务调整法》（Reorganization for Municipalities）。

是基于这个原因,我国的金融机构近年来十分热衷于开展"银政合作",诸如"打捆贷款"、"开发性金融"①这样的"创新业务"一时蔚然成风,地方债务的规模也就此膨胀,债权人的道德风险问题可见一斑。②

5.4　找寻地方政府行为的替代性控制机制

正是考虑到地方举债融资行为所引发的上述道德风险,为了避免地方政府的"预算软约束"导致地方债务风险的激增,引入某种外部的控制机制来限制地方政府的过度举债则成为一种必要的制度选择。长期以来,我国中央和地方之间事实上的"上下级关系"确保了中央政府有足够的权威去控制地方政府的行为,从而实现相对的"预算硬约束"。然而,随着中央与地方事权分配关系法治化程度的不断提升,这一既往的政治控制机制有可能面临失灵的风险,因为提升法治化程度就意味着中央在处理与地方关系时不再处于一个绝对的主导性地位,宪法和法律的约束必然导致政治集权的减弱,国家治理更加强调规则而非单纯的政治权威,由此带来的结果就是,由于中央的政治控制机制的弱化,地方政府的"预算软约束"问题有可能反而会更加凸显出来,地方过度举债的

---

① 关于"开发性金融",可参见李志辉、黎维彬:《中国开发性金融理论、政策与实践》,中国金融出版社 2010 年版;陈元:《政府与市场之间》,中信出版社 2012 年版。

② 尽管《中华人民共和国担保法》第八条明确规定"国家机关不得为保证人",但金融实践中的"银政合作"之所以能够大行其道,主要原因就在于银行认为地方政府在平台贷款交易中不会放弃事实上的"保证人"身份。

风险仍然会存在，甚至会增大。这也就是本书所谓的央地事权分配关系法治化造成的"陷阱"。但是，本书并不因此反对提升中央与地方事权分配关系的法治化程度，而是要强调，为了避免"陷阱"的出现，我们需要同时找到一个替代性的控制机制，来抑制地方政府过度举债的冲动，尽可能实现"预算硬约束"的目标，为打造"市场维持型联邦主义"创造条件。

回顾过去 30 多年我国央地关系的动态演变过程，我们可以发现中央对地方政府所长期采用的政治控制机制其实恰恰印证了中国的发展经验，即政治集权与经济分权的组合，经济分权确保了地方的积极性，而政治集权则对地方形成了一种外在的约束，使其不至于"竭泽而渔"。在 Blanchard 和 Shleifer 看来，中国和俄罗斯两国的分权改革出现相反结果的原因就在于中国的经济分权是在政治集权的条件下进行的，中央政府有足够的权威来对地方政府的行为进行约束，而俄罗斯则是在政治自由化背景下实施的经济分权。[1]

在我国中央和地方的分权过程中，中央政府虽然下放了部分行政权力和财政权力，但是中央政府依靠其对地方官员的人事任命权来控制地方官员的投资行为，从而能够有效地对宏观经济进行调控。[2] 而且，中央政府对地方官员的控制不仅是根据地方官员

---

[1] Oliver Blanchard & Andrei Shleifer，"Federalism with and without Political Centralization: China versus Russia", IMF Staff papers, No. 48, 2001.

[2] Yasheng Huang, *Inflation and Investment Controls in China: The Political Economy of Central-Local Relations During the Reform Era*, Cambridge University Press, 1996.

的违规行为来阻断其晋升,更重要的控制手段是在同级的地方官员之间引入晋升竞争,让地方官员为了晋升不得不尽可能满足中央提出的政策目标,只要这些政策目标能够进入地方官员的考核范围。地方官员的竞争使得中央处于相对有利的控制和谈判地位,中央通过控制人事任免权和发动官员之间的竞争来间接控制地方官员对于财政资源的支配和使用。① 这样一种中央基于政治架构而对地方实施的控制机制除了有激发地方官员力争上游的效果之外,也同样可以起到及时"踩刹车"、控制地方财政风险的功效。

在对我国中央和地方关系问题的研究中,有学者还归纳出"政治承包制"的表述,这指的是上级政府把政治、经济、文化、生态、党建等各方面的行政管理任务分解为多项指标,发包给下级政府,并根据完成情况予以奖励和处罚。② 很显然,这样一种"政治承包制"的具体内容不是基于法律的,而是基于特定时期的政策需要而制定的,它符合了我国政治生活中"下级服从上级"、"全党服从中央"的政治逻辑(也可以说是"不成文宪法"),可以被看成是针对地方政府行为的一种有效控制机制,可防止由于地方财政的过度举债倾向而导致的"公地悲剧"。

就从 2010 年之后展开的清理地方融资平台公司的部署来看,很明显的是,法律制度的实施在其中并不起到核心的作用,一系列

---

① 周黎安:《转型中的地方政府:官员激励与治理》,格致出版社、上海人民出版社 2008 年版。

② 参见朱汉清:《地方政府行为的政治经济学解释》,郑州大学出版社 2012 年版,第 71 页。

的红头文件宣告了这场"运动"的开始和持续进行。而中央政府所关心的并不是地方政府某些行为是否构成了违反《中华人民共和国担保法》的担保行为，银行与地方政府之间缔结的各类协议在《中华人民共和国合同法》上是否有效，或者地方融资平台公司在清偿债务的过程中是否有可能基于《中华人民共和国公司法》对债权人的保护规定而被"揭开面纱"。中央政府所做的和所关注的核心要点就是通过有效的政治控制机制来"警告"并约束地方政府的融资行为。这一点最明显地体现在 2010 年《国务院关于加强地方政府融资平台公司管理有关问题的通知》①的文字表述上，具体如下：

> 各地区、各部门要从大局出发，牢固树立科学发展观和正确政绩观，充分认识加强融资平台公司管理工作的重要性和紧迫性，统一思想，加强领导，精心组织，结合本地区、本部门实际认真抓好落实。财政部、发展改革委、人民银行、银监会等部门和机构，要抓紧制定具体实施方案，完善相关政策，加强对这项工作的指导监督。财政部要会同有关部门加快建立融资平台公司债务管理信息系统、会计核算和统计报告制度，以及融资平台公司债务信息定期通报制度，实现对融资平台公司债务的全口径管理和动态监控。审计部门要加强对融资平台公司的审计监督。要研究建立地方政府债务规模管理和风险预警机制，将地方政府债务收支纳入预算管理，逐步形成

---

① 国发〔2010〕19 号。

与社会主义市场经济体制相适应、管理规范、运行高效的地方政府举债融资机制。

然而，这样的一种基于中央与地方之间非法治关系而建立起来的政治控制机制能够发挥作用的制度环境也是特定的。中央与地方事权分配关系的法治化程度逐步提升的过程即是央地权力边界划分法律化、制度化和清晰化的过程，这一变化必然导致既有的由上而下的政治控制机制能够发挥作用的空间会不断被压缩。在这种情况下，我们必须找出一种替代性的控制机制来激励地方政府实现"预算硬约束"，否则解决地方债务问题的初衷就有可能南辕北辙。

理论上来讲，地方政府举债融资行为的外部控制机制要么来自于政治系统，要么来自金融市场。先看政治系统这一端，既有的基于"上下级关系"特征的中央对地方的控制机制被逐步弱化之后，人们自然会想到能否引入地方居民对政府的控制机制，这种控制机制从理论上来讲又可分为"用手投票"和"用脚投票"两种。地方居民（经济学理论上作为地方政府的委托人）的"用手投票"这一政治体系内的控制机制对民主制度和议会制度有着比较强烈的依赖，然而一人一票的模式究竟能在多大程度上抑制代理人（地方政府）的过度融资行为，这是值得怀疑的。我们可以观察到，在很多国家，民主制度之下的过度福利化在某种程度上就是政府与居民的共谋结果，但却是以损害财政体系的长期可持续性为代价的（尚未完全平息的欧洲债务危机就是一个典型例证）。更何况，在当下的中国，"用手投票"机制是否有效地存在并得以运行，这个问题本身就是要打一个问号的。

至于"用脚投票"机制，财政学理论认为，由于自利的个人通过选择居住辖区而显示其对公共产品的偏好，不同地方政府之间在"挽留"和满足居民（进而可推知企业）的要求方面存在着竞争关系。若公众可以在众多辖区之间自由地"用脚投票"，那就会形成不同的、其内部的公民偏好均质的辖区，则帕累托效率是可以达到的。① 具体来说就是，地方政府在举债融资的时候要考虑到本辖区居民和企业的意愿，而过度融资等于鼓励了居民和企业迁往其他地区，从而减少了本地的税源。考虑到这一层因素，地方政府有动力抑制自身的融资需求。

但是，要让"用脚投票"机制能在未来的地方政府融资行为中起到主导性的控制作用，还需要一些其他的条件配合，例如人口的自由迁徙以及资本的跨区域自由流动。这些条件在目前的中国还不完全具备。更何况，影响人口要素和资本要素流动的原因是多重的，地方政府的负债程度只是居民和企业考虑的因素之一。目前我国地方政府负债程度较高的地方可能恰恰就是居民和企业密集的地方。

事实上，主流的财政分权理论所认为的可以通过"用手投票"机制和"用脚投票"机制来激励和约束地方政府行为，提升地方公共福利的观点在中国并不能够得到经验事实的支持。有学者研究

---

① Charles Tiebout, "A Pure Theory of Local Expenditure", *Journal of Political Economy* 64, 1956.

了 1978 年以来财政分权改革与义务教育发展状况的关系,发现财政分权并未增加小学义务教育的供给,地方政府更倾向于追求资本投资,而非公共产品或准公共产品的支出。[①] 这也就解释了当初把义务教育主要归类为地方事权的情况下所必然导致的供给不足,因而必须要求中央政府承担相比以往更大的责任。[②]

因此,我们在找寻替代性的地方政府债务控制机制的时候,很难从政治系统中开辟可行路径,故而唯有从金融市场中找到突破口。简言之,目前最急切要做的一件事情就是通过法律制度的更新来把目前形形色色的地方政府隐性债务进行显性化的处理,让地方政府的负债情况充分地展现在金融市场的面前,由金融市场"自负盈亏"的投资者的理性选择来决定地方政府获得融资的可能性。而在制度层面上,就应当通过对我国预算法律制度的修订来赋予地方政府法定的发债权利,提升地方政府债务的透明度,减少金融市场的道德风险,进而借由市场机制来对地方政府的举债行为形成一种有效控制。

在《预算法》修订过程中,社会各界在是否应当允许地方政府发债这个问题上莫衷一是,2011 年 12 月提交全国人大常委会初审的《预算法》修订案草案一审稿明确规定了地方政府有举债权,同

---

① 参见乔宝云、范剑勇、冯兴元:《中国的财政分权与小学义务教育》,《中国社会科学》2005 年第 3 期。

② 1993 我国发布的《中国教育改革和发展纲要》中就提出国家财政性教育经费支出占 GDP 的比重要达到 4% 的目标,然而这一目标直到 2012 年才实现。参见《中国教育经费支出比例首次"达标"》,http://news.xinhuanet.com/2013lh/2013 - 03/05/c_114898916.htm。

时要求国务院对地方政府债务实行"限额管理"，而国务院确定的地方政府债务限额则须经由全国人大批准。但2012年6月提交全国人大常委会审议的《预算法》修正案草案二审稿却删除了一审稿中关于地方政府举债的规定，重申除法律和国务院另有规定外，地方政府不得发行地方政府债券。①

这样的一种变化可能意味着立法者以及社会公众对于赋予地方政府发债权利的担心，唯恐这一授权会打开潘多拉的魔盒，致使地方政府债务失控。也有学者反对修订之后的《预算法》赋予地方政府发债权。② 但是，这种担心其实没有什么道理，因为我们需要明确的一点是，地方政府是否举债并不取决于《预算法》是怎么规定的，2014年修订之前的《预算法》不允许地方政府发债，但这丝毫没有影响地方政府的积极举债融资行为。除了通过地方城投公司发行企业债或者利用融资平台公司获取银行贷款之外，随着中央政府对地方政府性债务管理的加强以及商业银行对地方政府及其融资平台公司信贷投放的从紧，一些地方近来"创新性"地通过专项投资计划、委托贷款、信托贷款、融资租赁、售后回租、发行理财产品、BT（建设—移交）、垫资施工，甚至是违规集资等方式变相举债融资。③ 可见，《预算法》的规定并不能直接和经济活动的现实划上等号，限制或者禁止地方政府发债的法律规定只是激励了地方

① 参见《地方发债闭门羹：预算法草案规定发债权由中央掌握》，http://finance.ifeng.com/news/region/20120705/6709151.shtml。
② 参见刘剑文：《地方政府发债权的现实可能性》，《法学》2012年第10期。
③ 参见《36个地方政府本级政府性债务审计结果》（审计署2013年第24号公告），2013年6月10日。

政府更多地去利用那些可以规避法律规则的金融市场交易模式而已。由此导致的一个消极后果就是地方政府的融资行为游离于法律的框架和轨道之外。毫无疑问,这样一来对其进行约束和控制的社会成本也就大幅增加了。

所以,与其让地方政府绕开《预算法》去承担隐性的债务责任,不如直接让其把债务通过公开的债券市场显性化,让金融市场的投资者有机会充分、全面地了解地方政府的负债状况,让市场的选择来控制地方政府的融资规模。修订之后的《预算法》已经明确了地方政府的独立发债权利,在第三十五条中规定:"经国务院批准的省、自治区、直辖市的预算中必需的建设投资的部分资金,可以在国务院确定的限额内,通过发行地方政府债券举借债务的方式筹措。"①这在很大程度上是降低道德风险的一种措施,原因就在于,由此前的中央代发地方债转为地方以自己的名义发行债券,这一变化本身就是在向市场宣告地方政府的独立责任,是实现地方政府"预算硬约束"的一条有效制度路径。②

为配合修订之后的《预算法》的实施,国务院于 2014 年 10 月颁布了《国务院关于加强地方政府性债务管理的意见》③,其中明确宣

---

①　事实上,财政部于 2014 年 5 月 19 日印发的《2014 年地方政府债券自发自还试点办法》(财库〔2014〕57 号)已经宣布上海、浙江、广东、深圳、江苏、山东、北京、江西、宁夏、青岛等地开始试点地方政府债券的自发自还。这一决定预示着,在我国通过市场化的金融体系来约束地方政府行为的制度大门已经正式打开。

②　这里需要说明的是,目前推动地方政府债务显性化的改革可能仍然是不完全的、不到位的,原因在于地方政府的发债额度还是由中央政府进行控制,而不仅是取决于金融市场投资者的判断。在这种情况下,地方政府仍然具有突破发债限额而以隐性方式举债的行为动机。

③　国发〔2014〕43 号。

告"地方政府对其举借的债务负有偿还责任，中央政府实行不救助原则"；财政部于 2015 年 3 月 15 日发布的《地方政府一般债券发行管理暂行办法》①则进一步明确了地方政府对于一般债券"自发自还"的原则。由此，就明确了地方政府对其债务承担独立偿还的法律责任，若上述原则得以实质性遵守，则可以在机制设计上避免出现因为中央政府的显性或者隐性担保而带来的债务人道德风险以及投资人道德风险。

让金融市场的无数投资者来扮演地方政府融资行为的约束者角色，充分发挥市场机制特有的透明和高效特征，用实时变化的金融产品价格信号来"发现"地方政府的信用状况，进而对地方政府的未来行为选择产生市场的压力。这样一种让市场"说话"，而不是让政府"自说自话"的机制如果能够运行良好，它不失为一种克服"预算软约束"瓶颈的有效之策。地方债务是不是有大的风险，会不会造成危机的隐患，这些问题其实没有必要由政府的新闻发言人来回答，有效运转的市场及其价格信号就会给出答案。② 较之政府与纳税人之间的关系，金融市场上作为借款人的政府与投资

---

① 财库[2015]64 号。

② 按照 2013 年诺贝尔经济学奖得主尤金·法玛（Eugene Fama）所提出的"有效市场假说"，如果金融市场是完全有效的，那么证券的价格本身已经反映了所有可以获得的信息，因此要了解一家上市公司的财务和经营情况，只需要观察其股票价格的变动即可；同样的道理，要了解一个债务人的偿债能力，也只需要观察其发行的债券价格变动即可。参见 Eugene Fama, "Random Walks In Stock Market Prices", *Financial Analysts Journal* 21（5）：55—59，1965；Eugene Fama, "Efficient Capital Markets：A Review of Theory and Empirical Work", *Journal of Finance* 25（2）：383—417，1970。

者之间更容易形成一种平等的关系。① 再拓展开来,市场有效的条件下,债券市场的定价可以为政府治理绩效提供一个更加量化的评价标准,进而可以推动辖区民众积极参与民主政治机制的运行;而反过来,作为金融市场上资金需求方的政府,为了保证足够的政府信用和较低的融资成本,存在着内在的激励去约束公权力的不当行使、克制各种可能导致财政风险的投融资行为。这些都是帮助一个国家以渐进的方式推进依宪执政建设的积极因素。

当然,我们也要意识到,这种约束机制的设计不是一蹴而就的,尤其要考虑到当下中国金融市场的不完善程度仍然较高,当参与金融交易、购买地方政府债务证券的投资者本身就是地方政府所控制的金融机构时,这种理想状态的金融市场价格信号机制以及相应的约束机制就容易被弱化。可作参考的一个情形是,此前由中央政府代发的地方债券之所以出现利率低于国债的现象,其中一个原因就是受地方政府控制的金融机构所采取的"策略性"安排,以凸显地方政府的良好信用形象。②

此外,法律制度的设计还可以考虑在现阶段把地方债券的发行对象限定为本辖区内的居民,这样做的好处就在于可以通过金融市场投资者与地方辖区居民这两者身份的合二为一来强化市场对地方政府行为的控制。例如,中国人民银行行长周小川就认为,我国在建立地方政府债务体系之后,地方债应主要出售给当地居

---

① 参见张建伟:《地方债治理的宪政经济学分析》,《法学》2012 年第 10 期。

② 参见周俊生:《地方债发行利率奇低非市场因素不容忽视》,《证券时报》2011 年 11 月 23 日。

民,因为当地居民会基于自身的养老金、福利等问题来考虑是否购买,这样就构成了对地方政府债务的制约。[①]

归纳起来说,真正意义上的地方自治包含了两大要素,即通过授权地方政府独立发债来确保其权力行使的自治,同时也通过公开的金融市场债券发行和交易来强调地方政府的责任自治。在这种条件下,中央与地方事权分配关系法治化的程度在得到提升的同时也可以避免地方政府融资行为失控这一"陷阱"的出现。

5.5 小结

本章以我国地方债务的现实状况为出发点,分析了如何提升中央与地方事权分配关系法治化程度这一问题。当然,本章并非仅仅谈论央地事权分配关系法治化的必要性,而是强调了这一过程中,我们需要注意到制度与制度之间的彼此勾连,要防止因为央地事权分配关系法治化程度的提升而带来的新问题:既有的对地方政府举债融资行为进行控制的机制不再有效了。为此,需要我们找到一种替代性的控制机制。而在笔者看来,金融市场投资者的行为选择可以起到控制地方政府债务规模的作用,而关键性的前提就是落实修订之后的《预算法》,赋予地方政府独立发债的权限,并明确其独立的法律责任,通过金融市场机制来让地方政府实现权力行使和责任承担的双重自治。

---

① 周小川:《走出危机僵局需要设计新的激励机制》,《中国金融》2012年第18期。

当国家治理的功能过于集中在中央层面的时候,中央的权力很大,同时也意味着中央的责任也很大;相反,地方的权力受到了压制,同时它也不可能承担独立的责任。"中央人民政府与地方人民政府间职权的划分,应按照各项事务的性质,由中央人民政府委员会以法令加以规定,使之既利于国家统一,又利于因地制宜",这是在 1949—1954 年之间起到临时宪法功能的《中国人民政治协商会议共同纲领》所包含的,但之后四个版本的《中华人民共和国宪法》却不再包含的一个关于央地之间"依法"分权的内容表述。① 虽说这只是非常"简易"的原则宣示,但其实在今天,这一条文的必要性并未过时。

新经济史学家诺斯和托马斯在分析了 17 世纪法国和西班牙的由盛转衰以及荷兰、英国的兴起过程之后,非常敏锐地指出,国家在面对财政压力挑战时的对策,从长远来看将决定一国经济的兴衰。② 或许现在的中国也正面临着这一时机,面对地方债务这一棘手而迫切的问题,若能在根本性的财政制度改革方面有所积极作为,那可以肯定的是,这样的一种改革方向会决定国家的走向,它的影响范围不会仅仅局限于财政或金融体制领域。

---

① 在这个问题上,现行《中华人民共和国宪法》的表述是"中央和地方的国家机构职权的划分,遵循在中央的统一领导下,充分发挥地方的主动性、积极性的原则"。这里强调的是"中央的统一领导",而不是《中国人民政治协商会议共同纲领》中的"以法令加以规定"。

② 参见道格拉斯·诺斯、罗伯斯·托马斯:《西方世界的兴起》,厉以平、蔡磊译,华夏出版社 1994 年版,第 167—177 页。

附　录

主要发达国家政府间
事权分配关系概览[①]

表1　美国政府间事权分配关系概览

政府层级	事权分配
联邦政府	国防、外交与国际事务;退伍军人福利和服务;确保经济增长;维持和促进社会发展;保障社会稳定
州政府	公路建设;基础教育;公共福利项目;医疗和保健开支;警察;消防;煤气及水电供应
地方政府	家庭和社区服务;健康服务;治安;消防;道路和交通;公用设施

表2　英国政府间事权分配关系概览

政府层级	事权分配
中央政府	国防;外交;高等教育;社会保障;国民健康和医疗

---

① 附录中各表格中的资料系本书作者根据中国财政部网站(http://www.mof.gov.cn)提供的信息整理而成。

（续表）

政府层级	事权分配
地方政府	中小学教育；地方治安；消防；公路维护；住房建筑；预防灾害；地区规划；对个人的社会服务

表 3　德国政府间事权分配关系概览

政府层级	事权分配
联邦政府	国家海关事务；外交；国家安全和武装力量；联邦铁路、公路、水运、空运和邮政电讯；社会保障（包括失业救济、医疗、退休保险及家庭社会补助等）；重大科研计划（主要是核能源、外层空间、航天技、海洋及数据处理等领域的研究）；跨地区的经济开发（如矿山开发）；货币发行和管理
州政府	社会文化和教育事业；卫生、体育事业；法律事务和司法管理；环境保护
地方政府	地方公路建设和公共交通事务；水电和能源供应；科学文化和教育事业（包括成人教育、学校管理、博物馆和剧院等的管理和维护）；社会住宅建设和城市发展规划；地方性公共秩序管理；健康和体育事业；医院管理和医疗保障；社会救济

表 4　日本政府间事权分配关系概览

政府层级	事权分配
中央政府	防卫；外交；通货；基础设施（高速公路、国道、一级河川）；教育（部分公立大学、私立大学的补助）；福利（社会福利、医生等资格证书、医药品许可资格证书）

（续表）

政府层级	事权分配
都、道、府、县	基础设施（都道府县道、指定区间的一级河川、二级河川、港湾、公营住宅、区划调整）；教育（高中、特殊教育学校、中小学校、幼儿园至高中的私立学校补助、部分公立大学）；福利（町村区域的生活保护、儿童福利、保健所）；警察；职业训练
市、町、村	基础设施（都市计划、市町村道、准用河川、港湾、公营住宅、下水道）；教育（中小学校、幼儿园）；福利（市区域的生活保护、儿童福利、国民健康保险、护理保险、上水道、垃圾处理、特定市的保健所）；消防；户籍；住民基本台账

参考文献

外文文献：

Abramowitz, Moses, 1986, "Catching up, Forging ahead, and Falling behind", *The Journal of Economic History*, 46（2）: 385—406.

Blanchard, Oliver & Andrei Shleifer, 2001, "Federalism with and without Political Centralization: China versus Russia", IMF Staff papers, No. 48:171—179.

Fama, Eugene, 1965, "Random Walks In Stock Market Prices", *Financial Analysts Journal*, 21（5）: 55—59.

Hayek, F.A., 1960, *The Constitution of Liberty*, University of Chicago Press.

Huang, Yasheng, 1996, *Inflation and Investment Controls in China: The Political Economy of Central-Local Relations During the Reform Era*, Cambridge University Press.

Kornai, János, 1980, *Economics of Shortage*, North Holland

Press.

Li, Hongbin & Li-an Zhou, 2005, "Political Turnover and Economic Performance: The Incentive Role of Personnel Control in China", *Journal of Public Economics* 89(9):1743—1762.

Lin, Justin Yifu and Liu, Zhiqiang, 2000, "Fiscal Decentralization and Economic Growth in China", *Economic Development and Cultural Change*, Vol. 49, No. 1:1—21.

Montinola, Gabriella, Yingyi Qian & Barry R. Weingast, 1995, "Federalism, Chinese Style: The Political Basis for Economic Success in China", *World Politics*, 48(1):50—81.

Niskanen, William, 1971, *Bureaucracy and Representative Government*, Aldine-Atherton.

North, Douglas, 1990, *Institutions, Institutional Change and Economic Performance*, Cambridge University Press.

Oates, Wallace E., 1972, *Fiscal Federalism*, Harcourt Brace Jovanovich.

Oi, Jean C., 1992, "Fiscal Reform and the Economic Foundation of Local State Corporatism in China", *World Politics*, 45 (1): 99—126.

Ostrom, Vincent, Charles M. Tiebout & Robert Warren, 1961, "The Organization of Government in Metropolitan Areas: A Theory Inquiry", *American Political Science Review*, Vol. 55, No. 4: 831—842.

Qian, Yingyi and Roland, Gerard, 1998, "Federalism and the

Soft Budget Constraint", *The American Economic Review*, Vol. 88, No. 5:1143—1162.

Rodden, Johnathon, Gunner S. Eskeland &. Jennie Litvak (eds.), 2003, *Fiscal Decentralization and the Challenge of Hard Budget Constraints*, The MIT Press.

Shah, Anwar, 1994, *The Reform of Intergovernmental Fiscal Relations in Developing and Emerging Market Economies*, The World Bank.

Shih, Victor, Mingxing Liu &. Qi Zhang, 2005, "'Eating Budget': The Logic of Fiscal Transfers under Predatory Fiscal Federalism", FED Working Paper Series, No. FE20050009.

Tiebout, Charles, 1956, "A Pure Theory of Local Expenditure", *Journal of Political Economy* 64(5):416—424.

Tsui, Kai-yuen, and Youqiang Wang, 2004, "Between Separate Stoves and A Single Menu: Fiscal Decentralization in China", *The China Quarterly*, Vol. 177:71—90.

Weingast, Barry R., 2006, "Second Generation Fiscal Federalism: Implications for Decentralized Democratic Governance and Economic Development", Working Paper, Hoover Institution and Department of Political Science, Stanford University.

World Bank, 1995, *China: Macroeconomic Stability in a Decentralized Economy*, World Bank Publications.

Young, A., 2000, "The Razor's Edge: Distortions and Incremental Reform in the People's Republic of China", *The Quarterly*

Journal of Economics，115（4）：1091—1135.

Zhang，Tao and Zou，Heng-fu，1998，"Fiscal Decentralization，Public Spending，and Economic Growth in China"，*Journal of Public Economics*，Vol. 67，No. 2：221—240.

Zheng，Yongnian，2007，*De Facto Federalism in China：Reforms and Dynamics of Central-Local Relations*，World Scientific Publishing.

中文文献：

白重恩、杜颖娟、陶志刚、仝月婷：《地方保护主义及产业地区集中度的决定因素和变动趋势》，《经济研究》2004 年第 4 期。

陈元：《政府与市场之间》，中信出版社 2012 年版。

褚敏、靳涛：《分税制后的中央转移支付有效率吗？——基于中央转移支付对地区间增长公平与效率的检验》，《上海财经大学学报》2013 年第 2 期。

道格拉斯·诺斯、罗伯斯·托马斯：《西方世界的兴起》，厉以平、蔡磊译，华夏出版社 1994 年版。

冯兴元、李晓佳：《明确教育投入事权迫在眉睫》，《中国改革》2005 年第 4 期。

冯兴元：《地方政府竞争：理论范式、分析框架与实证研究》，译林出版社 2010 年版。

傅勇：《财政分权、政府治理与非经济性公共物品供给》，《经济研究》2010 年第 8 期。

傅勇:《中国式分权与地方政府行为——探索转变发展模式的制度性框架》,复旦大学出版社 2010 年版。

胡书东:《经济发展中的中央与地方关系》,上海三联书店、上海人民出版社 2001 年版。

黄韬:《推进央地事权法治化》,《中国改革》2013 年第 10 期。

黄韬:《央地关系视角下我国地方债务的法治化变革》,《法学》2015 年第 4 期。

黄韬:《自贸区试验与国际金融中心建设的法制变革需求》,《上海交通大学学报(哲学社会科学版)》2014 年第 3 期。

黄子恒:《地方融资平台如何"排雷"》,《中国改革》2012 年第 10 期。

贾俊雪、郭庆旺:《政府间财政收支责任安排的地区经济增长效应》,《经济研究》2008 年第 6 期。

贾康、白景明:《县乡财政困难与财政体制创新》,《经济研究》2002 年第 2 期。

靳相木:《地根经济:一个研究范式及其对土地宏观调控的初步应用》,浙江大学出版社 2007 年版。

李志辉、黎维彬:《中国开发性金融理论、政策与实践》,中国金融出版社 2010 版。

刘光俊、周玉玺:《财政分权、转移支付与教育服务均等化的关联度》,《改革》2013 年第 9 期。

刘剑文:《地方政府发债权的现实可能性》,《法学》2012 年第 10 期。

刘瑞明、白永秀:《晋升激励、宏观调控与经济周期:一个政治经济学框架》,《南开经济研究》2007 年第 5 期。

卢为民：《土地政策与宏观调控》,经济科学出版社 2008 年版。

陆铭等：《中国的大国经济发展道路》,中国大百科全书出版社 2008 年版。

马跃：《宏观工作体制和乡镇应对策略——对"上面千条线,下面一根针"的解读》,《经济社会体制比较》2011 年第 2 期。

毛泽东：《论十大关系》,载《毛泽东文集》第 7 卷,人民出版社 1999 年版。

孟德斯鸠：《论法的精神》(上),张雁生译,商务印书馆 1959 年版。

乔宝云、范剑勇、冯兴元：《中国的财政分权与小学义务教育》,《中国社会科学》2005 年第 3 期。

时红秀：《财政分权、政府竞争与中国地方政府的债务》,中国财政经济出版社 2007 年版。

苏力：《当代中国的中央与地方分权——重读毛泽东《论十大关系》第五节》,《中国社会科学》2004 年第 2 期。

孙波：《论地方性事务——我国中央与地方关系法治化的新进展》,《法制与社会发展》2008 年第 5 期。

孙涛：《融资平台风险与化解之道》,《中国改革》2012 年第 10 期。

谭建立编著：《中央与地方财政事权关系研究》,中国财政经济出版社 2010 年版。

王文剑、覃成林：《地方政府行为与财政分权增长效应的地区性差异》,《管理世界》2008 年第 1 期。

王贤彬、徐现祥、舒元：《地方官员与经济增长——自中国省长、省委书记交流的证据》,《经济研究》2007 年第 9 期。

王永钦等:《中国地方政府融资平台的经济学:效率、风险与政策选择》,格致出版社、上海人民出版社2014年版。

魏后凯、杨大利:《地方分权与中国地区教育差异》,《中国社会科学》1997年第1期。

文政:《中央与地方事权划分》,中国经济出版社2008年版。

徐清飞:《我国中央与地方权力配置基本理论探究——以对权力属性的分析为起点》,载《法制与社会发展》2012年第3期。

徐小平、张启春:《美国的政府间转移支付改革及启示》,《中南财经政法大学学报》2010年第2期。

徐阳光:《财政转移支付制度的法学解析》,北京大学出版社2009年版。

姚洋、杨雷:《制度供给失衡和中国财政分权的后果》,《战略与管理》2003年第3期。

礒崎初仁、金井利之、伊藤正次:《日本地方自治》,张青松译,社会科学文献出版社2010年版。

尹磊:《财政转移支付:美国的做法及启示》,《财政监督》2007年第23期。

约翰·依特维尔、默里·米尔盖特、彼得·纽曼编:《新帕尔格雷夫经济学大辞典》(第三卷),经济科学出版社1996年版。

张建伟:《地方债治理的宪政经济学分析》,《法学》2012年第10期。

张军、高远:《改革以来中国的官员任期、异地交流与经济增长——来自省级数据的经验》,《经济研究》2007年第11期。

张千帆:《国家主权与地方自治——中央与地方关系的法治化》,

中国民主法制出版社 2012 年版。

张晏：《分权体制下的财政政策和经济增长》，上海人民出版社 2005 年版。

周飞舟：《以利为利：财政关系与地方政府行为》，上海三联书店 2012 年版。

周黎安、李宏彬、陈烨：《相对绩效考核：中国地方官员晋升机制的一项经验研究》，《经济学报》2005 年第 1 卷第 1 辑。

周黎安：《晋升博弈中政府官员的激励与合作——兼论我国地方保护主义和重复建设问题长期存在的原因》，《经济研究》2004 年第 6 期。

周黎安：《中国地方官员的晋升锦标赛模式研究》，《经济研究》2007 年第 7 期。

周黎安：《转型中的地方政府：官员激励与治理》，格致出版社、上海人民出版社 2008 年版。

周小川：《走出危机僵局需要设计新的激励机制》，《中国金融》2012 年第 18 期。

朱光磊、张志红：《"职责同构"批判》，《北京大学学报（哲学社会科学版）》2005 年第 1 期。

朱汉清：《地方政府行为的政治经济学解释》，郑州大学出版社 2012 年版。

后　记

　　笔者在复旦大学经济学院读本科的时候,有一个习惯,就是每周二下午会穿过邯郸路,到对面学校图书馆里的小书店,花两块钱买一份叫做《经济学消息报》的报纸,这个习惯维持了四年,当时购买的报纸有不少现在还保留着。这份报纸让我"认识"了很多真正有水平的经济学家,足以让当时我这个本科生在知识趣味上大开眼界。台大经济系的熊秉元教授曾在该报上发表了若干篇关于法律经济学的小文章,对这些文章的阅读也是后来促成我决心报考法学专业研究生的一个动因。

　　虽然对十多年前所阅读的《经济学消息报》所载内容大多已经印象模糊了,但还是有不少文章至今仍然记忆犹新,其中有一篇就是浙江大学赵伟教授所撰写的学术随笔《何以自然相近而经济天壤之别——瑞士与贵州的比较思考》(1999年3月25日刊)。说实话,在阅读文章的当时,瑞士和贵州都离我十分遥远(甚至我到现在都未去过贵州),但文章所分析的现象却是至今令我印象深刻。和我国贵州一样自然地理环境恶劣与贫瘠的瑞士为什么可以成为世界上最富有的国家之一,而贵州却只是我国发展程度最低的省份之一？文章给出的解释是——分权。作者写道：

> 每一个地区都按照该地区的特点制定了最适合本地区实际情况的地方性法律制度，每一个地区的人民都具有足够的决定本地区经济发展模式与具体事务的权利，以这种制度为前提的决策，应该是信息较为完全的经济决策，其失误的概率较小。这样的法律制度，显然为经济发展创造了无限的空间。

与瑞士形成对比的是，在法律制度层面上缺乏分权保障的贵州却要面临着比自然地理条件更为不利的制度条件。作者写道：

> 既然一个面积和人口规模均比瑞士大几倍的地区，连修建一条铁路或一条主干公路，都要让几千公里之外的中央政府去决定，而小小的瑞士，每一个地区都掌握着足够的经济决策权，那么，前者的贫穷落后与后者的富裕大概就不难理解了。

这篇我念本科时读到的学术随笔最早地引发了我对中央与地方关系这一问题的思考，尽管在当时这样的所谓"思考"只不过随便想想而已。后来再一次地把我大脑记忆仓库里储存的这篇文章调出来则是十几年之后了。2011年，受上海金融与法律研究院执行院长傅蔚冈博士之邀，我有幸参加了研究院所策划的"城市化与地方债务风险"系列课题的研究,并承担了其中"中国中央与地方事权分配机制:历史、现状及法治化路径"这一专门课题的研究任务,自此关于中央与地方关系的思考就不再是以往的"随便想想"了,而是真正进入到了学术探索的层面。

我国当下地方债务问题的成因有不少,其中一个被广泛推测的因素(不过仍待实证数据验明)就是中央与地方在事权关系层面上存在法治不完备的情形,以至于在 1994 年分税制改革之后,央地财权分配大致划清楚河汉界的同时却没有辅之以事权关系的清晰界定,进而导致了地方事权与财力不匹配的现象持久性地存在,激发了地方各级政府举债融资的欲望和冲动。

虽然"中国中央与地方事权分配机制"是研究院给我的命题作文,但这个题目恰好勾起了我本科时代读报的记忆,让我有机会系统性地思考中央与地方关系这一兼具政治意义和法治意义的"大命题"。

我们从中学的政治课本中知道了中国是一个单一制国家,并且似乎对此深信不疑。但对于中国这样一个大国来说,中央集权的计划体制未见成功(甚至这样的体制可能并没有真正出现过),市场化转型条件下的地方自主意识日渐生根发芽,行为联邦主义或者事实上的联邦主义(*de facto* federalism)已成事实。但是,关于中央与地方事权划分的法律制度却几乎不见踪影,建立法治化的政府间事权分配关系至今仍任重道远。央地事权分配无法建立在法律的基础之上,由此带来的制度不确定则是我们已经司空见惯的事情了。

对于一个大国来说，什么都是有成本的，而且成本还不低。市场自然有成本，但政府照样有成本，越大的政府可能成本越大，超越合理界限的纵向政府组织体系就可能带来边际收益小于边际成本的后果。

在法学界，20世纪80年代以降，对民主与法制（法治）的吁求似乎成为了主流，并一度占据了政治正确的话语高地，但是对于民主和法治关系的理解似乎有不少混乱，甚至把这两者看成一回事。有一句话也许很耳熟：美国之所以民主是因为繁荣，美国之所以繁荣是因为民主。这句话说得很动听，但说得不对，甚至可能非常错。如果只有民主制度，那美国不会和拉美国家有本质区别，甚至会更糟糕，因为美国的自然禀赋还不如拉美。在笔者看来，美国之所以繁荣，是因为这个国家有一系列伟大的反民主（或者说对冲民主）的法律制度设计，例如三权分立下的司法体系，维护财产权和契约自由的宪法体制，不以人口分配席位的参议院选举制度，"暗箱操作"的美联储货币政策决策机制等。当然还必须提到的是关于处理联邦与各州之间关系的纵向政府间分权机制。对于中国来说，制度变革的任务清单十分复杂，远远不是喊几句民主或者法治的口号就能解决问题的。定位于剖析我国央地事权关系成因并展望其法治化变革路径的本项研究如果能提供一点点正能量的话，那也就不辜负笔者的初心了。

在本项课题的研究过程中，曹远征、张军、韦森、顾长浩、于向东、王永钦、黄少卿、赵志荣、傅蔚冈、聂日明、王闻、高利民、刘海影、高琳等学界前辈和同仁给予了我诸多的帮助、建议和启发,笔者在此一并表示感谢! 上海世纪出版股份有限公司格致出版社的李娜编辑为本书的付梓出版付出了辛勤的劳动,在此表示敬意!

是为后记。

黄韬

2015 年 6 月 15 日

于上海交大廖凯原法学楼

图书在版编目（CIP）数据

中央与地方事权分配机制：历史、现状及法治化路径 / 黄韬著. —上海：格致出版社：上海人民出版社，2015

（城市化与金融系列丛书）

ISBN 978 - 7 - 5432 - 2546 - 6

Ⅰ.①中…　Ⅱ.①黄…　Ⅲ.①分税制－研究－中国

Ⅳ.①F812.422

中国版本图书馆 CIP 数据核字（2015）第 151183 号

责任编辑　李　娜

装帧设计　路　静

中央与地方事权分配机制：历史、现状及法治化路径
黄　韬　著

出　　版　世纪出版股份有限公司　格致出版社
　　　　　世纪出版集团　上海人民出版社
发　　行　中国图书进出口上海公司
版　　次　2015 年 9 月 第 1 版

www.ingramcontent.com/pod-product-compliance
Lightning Source LLC
Chambersburg PA
CBHW050503080326
40788CB00001B/3978